11/7/96

For Chris —

Disfrutes ~~~~~~~~~ iero mucho.

Yael

LIGHT FROM A NEARBY WINDOW

CONTEMPORARY MEXICAN POETRY

edited by Juvenal Acosta

CITY LIGHTS

SAN FRANCISCO

Cover design by Rex Ray
Book design by Elaine Katzenberger and Amy Scholder
Typography by Harvest Graphics

Library of Congress Cataloging-in-Publication Data

Light from a nearby window : an anthology of contemporary
    Mexican poetry / edited by Juvenal Acosta.
        p.   cm.
    ISBN 0-87286-281-X : $12.95
    1. Mexican poetry — 20th century.   2. Mexican poetry —
    20th century — Translations into English.
    I. Acosta Hernández, Juvenal.
PQ7263.E5L54   1994
861 — dc20   93-11609
                                                       CIP

City Lights Books are available to bookstores through our primary
distributor: Subterranean Company, P. O. Box 168, 265 S. 5th St.,
Monroe, OR 97456. 503-847-5274. Toll-free orders 800-274-7826.
FAX 503-847-6018. Our books are also available through library
jobbers and regional distributors. For personal orders and catalogs,
please write to City Lights Books, 261 Columbus Avenue,
San Francisco, CA 94133.

CITY LIGHTS BOOKS are edited by Lawrence Ferlinghetti and
Nancy J. Peters and published at the City Lights Bookstore,
261 Columbus Avenue, San Francisco, CA 94133.

ACKNOWLEDGEMENTS

For their invaluable help during the three years that it took me to produce this anthology, I would like to express my thanks to the following people: to Lawrence Ferlinghetti and Nancy J. Peters for their support and enthusiasm for this book, and for their vision and commitment to the poets of Mexico; to Alberto Blanco and Elva Macías for the unconditional and disinterested help they gave me from Mexico; to the excellent poets who translated the work of my Mexican colleagues, especially to E. Bell, who also translated my introduction to this book; to Elaine Katzenberger, editor at City Lights, for her suggestions and invaluable help, to James Nolan in San Francisco and Barcelona; to Derli Romero in San Diego; to Gerardo Amancio, Guadalupe Belmontes Stringel and Arturo Dávila in Mexico; and to Beatriz Elena Larroudé for always catching the missing accents, and for her eternal solidarity.

The following poems were published originally in these Spanish-language editions:

Luis Miguel Aguilar
La guerra de las piedras; José María, maderero; Memo, motociclista. *Todo lo que sé*, Editorial Cal y Arena, 1990.

Gaspar Aguilera Díaz
¿Alguien sabe donde pasó la última noche Roque Dalton?; Al fin después de tantos años Hernán Cortés declara. *Zona de derrumbe*, Editorial Katún, 1984.

María Baranda
Parte I del libro *El jardín de los encantamientos*. Colección Molinos de Viento, Universidad Autónoma Metropolitana, 1989.

Efraín Bartolomé
Casa de los monos; Cartas desde Bonampak; Corte de café. *Ojo de jaguar*, Universidad Nacional Autónoma de México, (UNAM), 1990.

Alberto Blanco
Los pericos. *El libro de los pájaros*, Ediciones Toledo, 1990. ¿Para qué tantas formas? *Cromos*, INBA/SEP, 1987.

Carmen Boullosa
Carta al lobo; El fuego; El otro. *La Salvaja*, Fondo de Cultura Económica, 1989.

Ricardo Castillo
El poeta del jardín; Oda a las ganas; Pin uno, pin dos. *El pobrecito señor X*, Fondo de Cultura Económica, 1980.

Lucha Corpi
Márgenes; Indocumentada angustia. *Variaciones sobre una tempestad / Variations on a Storm*, Third Woman Press, 1990.

Elsa Cross
Noche de San Miguel; Jaguar; Tenayuca; Uxmal; Malinalco. *Jaguar*, Ediciones Toledo, 1991.

Antonio Deltoro
Submarino; Los días descalzos; La casa vendida; Fósiles. *Los días descalzos*, Editorial Vuelta, 1993.

Jorge Esquinca
Fábula del cazador; Hortensia. *El cardo en la voz*, Editorial Joaquín Mortiz, 1991.

Francisco Hernández
El niño de la fotografía; Hasta que el verso quede. *En las pupilas del que regresa*, UNAM, 1993.

David Huerta
Lluvias de noviembre. *Lluvias de noviembre*, Multiarte, 1976. Incurable (Fragment). *Incurable*, Editorial ERA, 1987.

Eduardo Langagne
El temblor. *A la manera del viejo escarabajo*, Gobierno de Sinaloa, 1990.

Elva Macías
De capricornio. *Lejos de la memoria*, Jean Boldo i Climent, Editores, 1989. Imagen y semejanza. *Imagen y semejanza*, UNAM, 1982.

Fabio Morábito
Mi periódica aparición; Oigo los coches; Los columpios; Dueño de una amplitud. *De lunes todo el año*, Joaquín Mortiz, 1992.

Silvia Tomasa Rivera
Te siento correr sombras abajo .... *Poemas al desconocido/ poemas a la desconocida*, Penelope, 1984. Madre, quiero ir al mar ...; Estamos de fiesta ...; Los vaqueros .... *Duelo de espadas*, FCE, 1987.

José Javier Villarreal
Un largo silencio ...; Balada a la memoria de François Villon; Sin Título IV. *La procesión*, Joaquín Mortiz, 1991.

Minerva Margarita Villarreal
Canción de Penelope; Dama infiel al sueño. *Dama infiel al sueño*, Cuarto Menguante, 1991.

Verónica Volkow
La casa; El hambre ...; Profunda oscuridad ...; Estás desnudo ...; El círculo; Dios. *El inicio*, Joaquín Mortiz, 1983.

TRANSLATORS

E. Bell

Forrest Gander

Robert L. Jones

Elaine Katzenberger

Michael Koch

W. S. Merwin

Nancy J. Peters

LaVonne Poteet

Catherine Rodriguez-Nieto

John Oliver Simon

Iona Whishaw

This book is dedicated to my parents
Juvenal and Laura Alicia

to my friends
John Oliver Simon and Alberto Blanco

and to Bettina

CONTENTS

*The titles that appear in this form are the first lines of untitled poems.

INTRODUCTION

In his prologue to the key anthology of contemporary Mexican poetry, *Poesía en Movimiento (Siglo XXI Editores*, Mexico City, 1966), Octavio Paz pointed out the ambiguity of the term "Mexican poetry." "Poetry written by Mexicans or poetry somehow revelatory of the spirit, reality or character of Mexico?" For Paz, to apply a "criterion of nationality" in the attempt to define a literature by writers who share a language, citizenship, and geographical space was not enough. Of Ramon López Velarde, the forerunner of contemporary poetry in Mexico, Pax wrote: "If what distinguishes him is his *mexicanidad*, we would have to conclude that this consists of resembling no other Mexican. It would be not a general characteristic but personal anomalousness. Actually, López Velarde's work has more than a passing similarity to that of the Argentine Lugones, which, in turn, resembles that of Laforgue, a Frenchman." Positing a parallelism that transcends borders, Paz concluded, "It is not national genius, but the spirit of the epoch that unites these three very different poets."

While agreeing with these observations, I would still call this volume an anthology of Mexican poetry, because it offers a first-hand version of a unique reality. To refer to this generation of poets as Mexican does not imply that their interests are limited or that they are circumscribed by a specific place. It alludes to a vision — ideas and images that translate into poems — a vision that becomes a *version*. A version of works and deeds that owes its existence to one particular situation: being Mexican. And so their *mexicanidad* is formed by a particular experience at millennium's end.

Yet because Mexico, at the same time, has a cosmopolitan tradition, its poetry is necessarily modern and universal. Paz's "spirit of the epoch" continues to join Mexican writers with others around the world. Alberto Blanco, like W. S. Merwin, links past and future through present conflict. The intense zen directness of Elsa Cross's imagery finds echoes in Basho and even Gary Snyder.

Jose Carlos Becerra and Derek Walcott's poems, with their mastery of the baroque image, have been bedside reading for David Huerta. And Ricardo Castillo draws on the honest directness of Chiapas master Jaime Sabines; his poems walk the same lowlife streets as Charles Bukowski's.

Earlier Mexican writers have felt it their task to interpret the enigma of *mexicanidad*. If defining Mexican literature was a challenge for Carlos Fuentes and Octavio Paz, the poets of our time, beneficiaries of those efforts, situate themselves more naturally in the world they have inherited. Without this problem of identity, they have been able to set about their work in a more relaxed way. Latin American writing today has established a position of excellence in world literature, thanks to the creative elan of such writers such as Paz and Fuentes themselves, Borges and Cortázar, García Márquez, and Vargas Llosa. Because the younger poets have not felt the same responsibility to represent to the outside world who they are, they have had the freedom to write with greater spontaneity and less self-consciousness. The grandchildren and great-grandchildren of Artemio Cruz and María Felix have become poets.

To be a poet in Mexico is quite distinct from being a poet in the United States. Not only do intellectuals — even poets — sometimes take part in government itself but they hold a respected position in society, and that has given Mexican poets a sense of social responsibility. Because in Latin America neither politics nor art are divorced from other facets of one's life and work, political consciousness is not simply one option among many. This does not mean that Mexican poetry is overtly activist, although it may be, but that even in its more subtle subversions it is never unaware of the realities of daily life.

This anthology developed, first, from my experience as a Mexican living in the United States. In 1991, after five years in Berkeley, California, I found that contemporary poetry from Mexico was virtually unknown here. The growing interest in the literature of the Americas by North American and Latino readers was limited by the scarcity of available Mexican publications. Of course, the work of Octavio Paz and José Emilio Pacheco can be found everywhere but the younger generation of poets who have become our literature's driving force remain largely unknown. (However, I should like to note in passing two fine recent books, *New Writing from Mexico*, edited by Reginald Gibbons (Tri-Quarterly Books), and *Mouth to Mouth: Poems by Twelve Contemporary Mexican Women*, edited by Forrest Gander (Milkweed Press).

Light from a Nearby Window is a sampling of the work of twenty-one poets, twelve men and nine women, born after 1945. I have taken care to include poets not only from Mexico City, traditionally the monopolistic cultural center, but from many other regions as well. This collection does not attempt to be definitive nor to be representative of literary schools or tendencies. While each of the poets' styles and poetics differ, often dramatically, all have earned the recognition of critics and the public. Many have received national and international poetry prizes and make noteworthy contributions to the daily efforts that sustain a vibrant Mexican literature. Such tasks as translating, publishing, editing magazines, and organizing poetry readings and festivals make the abstraction of "Mexican poetry" tangible, turn it into something with specific weight and volume, like the book you have in your hands.

Another of my motivations for bringing together this collection is a purely personal one. In *Light from a Nearby Window* I have tried to bring together poets who are not only some of the best in Mexico, but are also among my literary heroes. Many of them have been my companions, through their poems, during my self-imposed exile in the United States. Reading their work has personally enriched me in countless ways. Creating this book is a way of sharing my astonishment and delight.

JUVENAL ACOSTA
BERKELEY, 1993

LIGHT FROM A NEARBY WINDOW

LA GUERRA DE LAS PIEDRAS

> *avrán todas las piedras entre sí lit campal*
>
> — *Berceo*

Con cinco años de edad, a la deriva, entre pandillas
    enemigas,
En el centro de la guerra de las piedras.
Dos en el estómago, una en la espalda, el mundo vacío
Hacia abajo, la cara intacta de milagro;
La gravedad de las piedras sobre mí,
Por el aire cerrado — yo sin aire.
Al final los de nuestro bando capturaron al jefe de los otros,
Ya remitido al vacío, sin piedras, abandonado por los suyos.
Varios de los nuestros lo sujetaron
Y me dieron — yo, el menor, el sin deberla ni
    temerla,
La justificación de toda piedra — un par de piedras
Para que me vengara. Yo tiré las espadas al pasto
Y me fui llorando lentamente hacia mi casa.
Varios meses atrás — lo dijo luego —
Nelly, una especie de prima mayor, no supo responderme
Por qué las piedras no eran de madera.
Unos años después — aún la infancia —
Los niños judíos del Parque México
Me enseñaron ese modo de echar suertes con las manos
En que la tijera no puede con la piedra
En que la tijera podrá con el papel
En que sólo el papel puede con la piedra
Al envolverla.

LUIS MIGUEL AGUILAR

THE WAR OF THE STONES

And all the stones will wage war
— Berceo

Five years old, adrift, between rival gangs,
In the middle of a war of stones.
Two hit my stomach, one my back, the empty world
Below, my face untouched by some miracle;
The gravity of stones upon me,
Through the close air — and me, out of breath.
In the end our gang captured the other's chief
Ruined, without a rock, abandoned by his pals.
Several of us restrained him
And they gave me — me, the youngest, innocent and
    fearless,
The justification of every stone — a few rocks
To take revenge. I threw the weapons to the ground
And slowly went home sobbing.
A few months earlier — it was said —
Nelly, an older cousin, couldn't explain to me
Why stones weren't made of wood.
A few years later — when I was still a child
The Jewish kids in the Parque México
Taught me how to play "scissors, paper, rock."
Rock crushes scissors
Scissors cut paper
And only paper can conquer rock
By covering it.

Hoy, en efecto: las piedras
Sólo tienen resguardo y solución en el papel,
Su crónica y memoria, la admisión de su secreta
Proclividad a la madera.
                              Sólo el papel que las vence
Ha de hacerlas perdurar, cuando las piedras
Con los siglos, en el centro de su guerra
Sean meras inminencias del polvo,
Presentimientos de la sal.

Today, it's true: rock is only for
Defense; and paper's the solution.
Its chronicle and memory, the admission of its secret
Proclivity for wood.
                    Only paper, which conquers,
Lets rock endure, when stones
Through centuries, in the middle of their war
Will be an imminence of dust,
Presentiments of salt.

NJP, EK

JOSÉ MARÍA, MADERERO

La luna menguante arriba y el río Hondo abajo de mi
    lancha.
La luna es imparcial pero el río Hondo tiene dos instancias:
El lado mexicano, el lado inglés. Desde un lugar sumido
    entre la selva
Tiraba la madera sobre el río y la iba viendo en
    el trayecto;
Yo, un pastor imposible de troncos caoberos siguiéndolos
    en la neutralidad
Vadeante del río Hondo. Durante varias noches, la madera
Llegó incompleta al final del acarreo; al principio pensé
    que era una pérdida
Debida a los caprichos del transporte.
Fueron diez: eran negros, fuertes, ratas, beliceños; y me
    lo hicieron
Varias noches: jalaban la madera menos próxima a mi
    lancha
Y la pasaban hacia el lado inglés.
Una tarde le pedí a Gálvez que soltara él los troncos
Mientras yo me adelantaba en el trayecto.
Fueron diez. Los esperé en la noche oculto en la otra
    orilla, y ni siquiera
Pudieron llegar ellos a la suya — excepto tres que operaban
    sobre ella
Y largaron para el monte. Fueron diez y
    maté a siete.
Los cacé como lagartos y se quebraban igual que ellos,
Respingando y revolviéndose en el agua,
Con la espina partida por el medio.
Por un momento fueron troncos ellos mismos; vi eso y el
    reflejo de la luna sobre el río,

JOSÉ MARÍA, LUMBERJACK

The waning moon above my boat, and below, the
    Río Hondo.
The moon is impartial but the Río Hondo has two sides;
The Mexican, and the British. From a place deep in
    the jungle
I launched logs into the river and tended them on their
    journey;
I, an impossible shepherd of mahogany, guiding it
    through the neutral
Shallows of the Río Hondo. On several nights, the wood
Arrived at its destination incomplete; at first I thought it
    was lost
Due to the vagaries of transport.
They were ten in all: blacks, strong rogues, Belizeans; and
    they did it to me
Several nights: they snagged the wood furthest from
    my boat
And sent it to the British side.
One evening I asked Gálvez to launch the logs
While I went on ahead.
They were ten. I waited hidden in the night on the other
    shore, and they never did
Reach their side — except for three already working
    over there
Who fled to the mountain. They were ten and I
    killed seven.
I hunted them like lizards; like lizards they were crushed,
Jerking and bobbing in the water,
With their spines split in two.
For a moment they were tree trunks; I saw this and the
    moon's reflection on the river,

Y el flujo lento del río Hondo entre las nubes de la
   pólvora.

Así empezó el negocio maderero.
Todo esto fue mucho antes del ciclón.
Fue el tiempo en que la caoba murió por la caoba.

And the slow current of the Río Hondo among
    gunpowder clouds.

And so began the lumber trade.
All this was long before the deluge.
It was the time when mahogany died for mahogany.

EK, NJP

MEMO, MOTOCICLISTA

Hasta aquí vine a dar por mi inconciencia.
¿Qué otra cosa puede hacerse en Chetumal?
Yo no sé los demás. Todas las tardes
Me subía en la moto Honda más hermosa
Y veloz que llegó a verse en este pueblo. No ignoraba
El modo lamentable en que murieron
Jonás, Asar, Ignacio, El Pato, Tebo
— Mis mejores amigos, desde siempre —
A causa de las motos. En cada una de esas muertes
Sentí miedo; todas eran como avisos continuados
De algo superior, Dios o el destino.
Pero nadie que haya sentido alguna vez
El modo en que la moto va exigiendo
Una cuota mayor de rapidez
Para el solo alimento de la máquina,
Ignorará por qué todos nosotros
Decidíamos, al fin, correr el riesgo.
Me estrellé contra un camión materialista
En el entronque de Héroes y de Hidalgo.
Ya estaba sobre aviso: sin embargo
El día en que me llegó de California
El catálogo de máquinas en venta
Exhibiendo en la portada esa hermosura
Que es la Harley-Davison/1200,
Mandé el pedido diciéndome a mí mismo
Que mi mano entrando en el buzón
Era un equivalente irreversible
De estar firmando mi sentencia de muerte.
¿Que más se puede hacer en Chetumal?

MEMO, WHO LOVED MOTORCYCLES

This is where my recklessness has gotten me.
But what else could you do in Chetumal?
About the rest, I don't know. I climbed,
Every afternoon, onto the most beautiful and fastest Honda
Motorcycle this town had ever seen. It wasn't
That I ignored the horrible way
Jonás, Asar, Ignacio, Pato and Tebo died
— My best friends since forever —
All of them on their bikes. After each of those deaths
I was afraid; they were like a series of warnings
From a superior something, God or fate.
But no one who's ever felt
How the machine demands speed
And then more speed as its only sustenance
Will ignore why it was that we all decided,
In the end, to run the risk.
I ran into a truck full of construction materials
at the corner of Heroes and Hidalgo Street.
I was forewarned; but even so
The day the catalogue of motorcycles for sale
Arrived from California,
Its cover showing off that thing of beauty
Which is the Harley-Davison/1200,
I sent off the order, telling myself
That when my hand shut the mailbox door,
It might as well have signed my death sentence.
What else could you do in Chetumal?

RLJ

¿ALGUIEN SABE DÓNDE PASÓ LA ÚLTIMA NOCHE ROQUE DALTON?

¿qué alas de pájaro salvaje le cubrieron la espalda?
¿quién atizó el fuego para incendiar su corazón todos
    los días?
¿alguien puede informar quién o quiénes iban borrando
    tras él sus huellas amorosas?
¿qué tronco vacío o rama de árbol hizo de espantapájaros
    para secar sus ropas húmedas?
¿de quién son los besos victoriosos que encontraron los
    soldados alrededor de su cabeza?
¿de quién fueron esas lágrimas pesadas como plomo
    caliente que encontraron escurriendo todavía
    por su pecho estusiasta?
¿quién le sopló en la boca sus últimos poemas disfrazados
    de diario y crónicas de viaje?
¿para quién marcó en el suelo un mapa y la señal de
    la victoria?
¿qué oreja de la luna lo escuchó murmurando y no
    supo si era una canción de amor o un mensaje
    en clave?
¿quién le quitó esa noche — la última — las arenas y el
    barro de la tetilla izquierda?
¿quién compartió con él un pedazo de pan y un trago de
    agua como senos calientes?
¿quién le prendió el cigarro reflexivo?
¿quién le sacó de la vieja cartera la foto familiary un verso
    sepia de vallejo?
¿quién le ayudó a quitarse los zapatos anudados por el frío?
¿quién dibujó su retrato hablado y se lo dio a la muerte?

DOES ANYONE KNOW WHERE ROQUE DALTON SPENT HIS FINAL NIGHT?

what wings of a wild bird covered his back?
who kindled the flame to incinerate his heart
    forever?
can anyone tell me what person or persons went along
    behind him erasing his amorous footsteps?
what hollow trunk or branch played scarecrow to dry his
    wet clothes?
whose were the triumphant kisses the soldiers found
    around his head?
whose were those tears, as heavy as hot lead
    they found still running down his
    enthusiastic breast?
who blew his final poems into his mouth, disguised
    as diaries and travel journals?
for whom did he draw a map on the ground and the sign
    of victory?
which ear of the moon heard him murmuring and didn't
    know if it was a love song or a message
    in code?
who cleaned the sand and mud that night — the final
    one — from his left tit?
who shared a crust of bread with him and a swallow of
    water like warm nipples?
who lit his reflexive cigarette?
who pulled out of his old wallet the family photo and
    a sepia poem by vallejo?
who helped him take off his shoes knotted by the cold?
who drew his spoken portrait and gave it to death?

¿quién le dijo al oído:
vamos rápido
amanece
la aurora es nuestra
todavía?

who said in his ear:
    let's go quickly
        the day is coming
            the dawn
                is still ours?

JOS

AL FIN DESPUÉS DE TANTOS AÑOS
HERNÁN CORTÉS DECLARA

a Eduardo Langagne

El capitán habló con el intérprete, y le dijo
que él no quería ni venía a les hacer mal alguno,
sino a les decir que viniesen al conocimiento
de nuestra santa fe, que supieran que teníamos
por señores a los mayores príncipes del mundo . . .
— *Hernán Cortés*
Primera carta de relación

yo no vine aquí a estas tierras vírgenes
por el oro   la plata   y las piedras preciosas
ni a derrumbar estatuas ni a torturar indígenas
ni tampoco a buscar a la mujer morena que se enredó
        a mi cuerpo
        (lo sanguinario me vino de muy antes)
yo vine aquí — lo juro en el nombre de dios y de la
        reina —
porque una noche un pájaro monstruoso de voz dulce
me habló excitado   me conmovió   me susurró al oído
de un extraño país
donde los reyes eran poetas y adivinos
ordenaban con suaves maneras y eran
        expertísimos amantes
los hombres ofrecían su orgullo de guerreros
y las mujeres abrían su suave pecho complaciendo a
        los dioses
todos danzaban agradeciendo el agua la tierra fértil
        la victoria
por si esto fuera poco a los lados de las caderas carnosas
        de este continente

FINALLY AFTER SO MANY YEARS
HERNÁN CORTÉS DECLARES

to Eduardo Langagne

The captain spoke through the interpreter, and told them that he did
not wish to nor had come to do them any harm whatsoever, but to
tell them that they should come to the knowledge of our holy faith,
that they should know that our lords were the greatest princes of
the world . . .

— *Hernán Cortés*
First letter to Charles V

I did not come to these virgin lands
for gold   silver   and precious stones
nor to throw down statues or torture the natives
neither to seek the dark woman who clung
        to my body
        (the blood-lust came to me from long before)
I came here — I swear it in the name of God and
        the queen —
because one night a monstrous bird with a sweet voice
spoke to me passionately   moved me   whispered in my ear
of a strange country
where the kings were poets and warlocks
who commanded with elegant manners and were
        expert lovers
men offered up their warriors' pride
and women opened their smooth breasts to please
        the gods
they all danced to thank the water the fertile earth
        victory
as if this were not enough it told me the fleshy thighs
        of this continent

el mar verde y azul le ceñía tiernamente la cintura me dijo
también llegué aquí
enloquecido por el orden   la razón progresiva el gobierno
    incestuoso
siempre la misma gente soldados navegantes y jueces
    inquisidores en las calles todo el día
y sobre todo vine
porque sin conocerlo mi pobre corazón sentía
    en su pecho
un ruido de atabales
un sonar triste de tambores llamando
una sinfonía de concha y caracol de desamor terrible
un desfalleciente mensajero desnudo y sin mensaje alguno

were girdled tenderly by the blue-green sea
I also came here
because order was driving me crazy   progressive reason
        incestuous government
always the same people soldiers navigators and judges of
        the Inquisition in the streets all day
and above all I came
because without knowing it my poor heart in its
        ribcage heard
a rattle of drums
a sad sound of wooden drums calling
a symphony for conch and horn of terrible unlove
a naked dying messenger without any message

JOS

DE EL JARDÍN DE LOS ENCANTAMIENTOS

Todas venían del mar,
con el resplandor de las caras lejanas,
siempre pensadas como las más hermosas.
Aquellos rostros vagaban tal sueños perdidos
hechos de una dura sustancia
que las alquimistas de la casa,
a sol abierto,
en mar ardiente,
las transformaban.
Nosotros, sobre verdes piedras,
veíamos los cuerpos tersos y luminosos
que sólo las mujeres
podían lavar ante nuestro asombro.
Hablaban del mar a grandes frases:
de su piel de sal y blancas plumas
donde se adormecían las naves;
de la penitencia que las madres tendían,
con vestidos de popelina,
como puentes de algas
para las vulvas de sus hijas.
Hablaban de las orillas
mientras las viejas hacían grandes altares
y los perros bendecían la sal con sus ladridos.
Aquel mundo crecía más allá del cielo pálido
inerte al sonido de la campana
que nos hundía en largos desvelos.
Largos como un relámpago, como el pelo lacio
de aquellas niñas que lo amarraban con un cordel de agua.
Era un oleaje de gente

FROM THE GARDEN OF ENCHANTMENTS

All the women came from the sea
with the splendor of distant faces
always considered most beautiful.
Those faces wandered like lost dreams
made of a hard substance
that the women alchemists
transformed
into burning sea
in the open sun.
Upon green stones, we ourselves
saw the terse luminous bodies
that, to our wonder,
only the women could wash.
They talked of the sea in great sentences:
of its salt skin and white feathers
rocking the ships to sleep;
of the penitence
that mothers in poplin dresses
extended like bridges of algae
for the vulvae of their daughters.
They spoke of the shores
where old women made great altars
and the dogs blessed the salt with their barking.
That world grew past the pale sky
inert to the sound of the bell
that plunged us into long insomnia.
Long as lightning, as the lank hair
those girls tied with cords of water.
Such a wave of people

que iba y venía
llevando el estupor de aquella casa.
Allí, antes del amanecer,
cuando los gestos son blandos
y tristes en soledad,
me desvestía y me gustaba andar así, feliz
en el desorden de aquella tierra
tan lejos del mar,
pero tan cerca,
con su nido de pájaros asesinos
y sus árboles que lloraban. Inmensa a los ojos
donde un pez chapotea entre mis juegos
y oficia el silencio en el estanque
de una región nunca olvidada.
Y la iglesia decía que era el tiempo de la cuaresma.
El tiempo morado y gris de la ceniza:
canto de fuego en el cuarto de los muertos.
Esa campana de sonido interminable
aún repica en mi cabeza,
como un salmo ya viejo
que guardo entre mis ruinas.
Y era la mañana cuando el sol abría su boca:
— ¡Mira! — decía, y yo veía cómo un hombre solitario
extendía sus blancas alas cual pájaro vestido
que sobrevolaba los jardines de la casa.
A su paso, las mujeres se inclinaban sobre el campo
— ¡Adiós! — gritaban. Luego, como perras amortajadas,
sumergían su voz entre plegarias.
En esas terrazas de ladrillo veía a las viejas
consumir sus noches en el salitre
de antiguos cuerpos y trenzar el viento con su pelo.
Yo crecía donde duraba el tiempo,
donde brillaba

coming and going
lifting the stupor from that house.
There, before dawn
when gestures are soft
and sad in solitude,
I would undress and go walking around
like that, happy in the disorder
of that land so far from the sea
and yet so near,
with its nest of killer birds
and its weeping trees. Huge to the eyes
where fish splashed in my frolicking
and silence reigned in the lagoon
of a region never forgotten.
And the Church said it was time for Lent.
The purple and gray time of ash:
fire-song in the room of the dead.
That bell's interminable sound
still ringing in my skull
like a psalm gone old
I keep amid my ruins.
And it was morning when the sun opened his mouth:
"Look!" he said, and I saw a solitary man
spreading his white wings like a clothed bird
flying over the house and gardens.
At his passage, the women bowed in the fields.
"Farewell!" they cried. Then, like bitches in shrouds,
they sank their voices into prayer.
On those brick terraces I saw the old women
consume their nights in the saltpetre
of ancient bodies and braid the wind in their hair.
I grew up where time lasted,
where the ragged dream

el harapiento sueño envenenado
por el tufo de los escapularios.
Sueño soñado a cielo abierto,
a carcajadas,
entre muros celestes atravesados por duendes
que sabían de cuentos maravillosos
y pasaban silbando la noche
en aquel hervidero de rezos.
Pero bastaba un crujido
en esa pocilga de bellas leyendas,
en aquel mingitorio donde se diluía nuestra vida.
Bastaba el ruido más leve
en los tablones de madera,
para que el mar
despertara con el rostro muerto
de las cosas lejanas.

still shone
poisoned by the miasma of scapularies.
Dream dreamed in open sky,
laughing and laughing
between sky-blue walls crossed by goblins
who knew marvelous stories
and whistled all night
above the boiling prayers.
But just one crinkling sound
in that pigsty of lovely legends,
in that latrine diluting our lives,
just the merest creaking
among the wooden planks
and the sea would wake
with the dead face
of distant things.

JOS

EFRAÍN BARTOLOMÉ

CASA DE LOS MONOS

Para qué hablar
del guayacán que guarda la fatiga
o del tambor de cedro donde el hachero toca

A qué nombrar la espuma
en la boca del río Lacanjá
Espejo de las hojas   Cuna de los lagartos
Fuente de *macabiles* con ojos asombrados

Quizá si transformara en orquídea esta lengua
La voz en canto de perdiz
El aliento en resoplar de puma

Mi mano habría de ser una negra tarántula escribiendo
Mil monos en manada sería mi pecho alegre
Un ojo de jaguar daría de pronto certero con la imagen

                    Pero no pasa nada   Sólo el verde silencio

Para qué hablar entonces

Que se caiga este amor de la ceiba más alta
Que vuele y llore y se arrepienta

Que se ahogue este asombro hasta volverse tierra
Aroma de los jobos
Perro de agua
Hojarasca.

EFRAÍN BARTOLOMÉ

HOUSE OF MONKEYS

Why speak
about the *guayacán* that keeps watch over toil
or about the cedar drum the woodcutter plays

Why name the foam
at the mouth of Río Lacanjá
Mirror of leaves   Cradle of alligators
Fountain of *macabiles* with astonished eyes

Maybe if I could change this tongue into an orchid
My voice into a partridge song
My breath into a puma snort

My hand would have to be a black tarantula writing
A band of a thousand monkeys would be my glad heart
A jaguar's eye would strike the exact image

                But nothing happens   Only the green silence

Why speak then

Let this love fall from the highest *ceiba* tree
Let it fall and weep and repent

Let this amazement be drowned until it turns back into earth
Aroma of *jobos*
Dog of water
Dry leaves.

NJP, EK

CARTAS DESDE BONAMPAK

Para Balám, mi hijo.

Llueve.

Llueve desde hace días.

Hoy desperté con una sensación de tibia soledad.

Desde mi hamaca escucho el chasquido parejo de la lluvia.

Días atrás los chicleros mataron un gran tigre: me dolió,
pero me gustaría llevarme la piel para que en ella duermas.

Ayer salí a caminar bajo la lluvia en ruinas: algún día
estaremos paseando entre estos árboles, contemplando estas
piedras.

La lluvia hace sentir un aire tembloroso que llega hasta los
huesos, y se va por segundos y regresa, más callado
que antes todavía.

Doy gracias a la lluvia. Gracias a la mañana que avanza con
paso sigiloso. Gracias al jaguar que dejó su huella sobre la
tierra blanda de la selva. Gracias a mi hamaca compañera,
al cielo desatado, a mi memoria niña de siete meses
que arranca desde tu primer día.

LETTERS FROM BONAMPAK

To Balám, my son.

It's raining.

It's been raining for days.

I woke up this morning with a vague feeling of loneliness.

From my hammock I hear the smooth patter of rain.

A few days ago *chicleros* killed a great jaguar: I felt bad
but I'd like the fur for you to sleep on.

Yesterday I went out to walk in the ruins in the rain:
someday we'll be walking under these trees, gazing at
these stones.

The rain makes me feel a trembling air all the way to my
bones, it vanishes for a second and returns
still more silent.

I give thanks to the rain. Thanks to the morning that
advances with secretive steps. Thanks to the jaguar who left
its tracks on the soft jungle ground. Thanks to my
compañero the hammock, to the stormy sky,
to my child memory of just seven months,
which starts from your very first day.

EK

CORTE DE CAFÉ

I

Miro la masa verde desde el aire
Hierve

       Es una masa informe
que se agita en un sueño difícil   inquietante

Tiembla la furia verde

El sueño manotea viscosidades tiernas
Tiernos odios

       Su ciega cerrazón de verde espuma herida.

II

Desde los troncos verdes de los árboles
Desde las piedras verdes donde descansa el musgo
sube el hambre al cafeto que crece
                  siempre verde
bajo la sombra espesa de otros árboles

De los troncos que exudan olorosas resinas
Desde la arcilla roja que se convierte en cántaro
bajan hombres o sombras a encontrar el café

Deambularán por las largas avenidas del día
Dormirán bajo el frío sucio de los portales
    (Qué reguero de muertos bajo la bota pesada del sueño)
Partirán con los vientos del invierno

COFFEE HARVEST

I

I watch the green mass from the air
It simmers

A formless mass
churning in a difficult disturbing   dream

The green fury trembles

The dream paws tender viscosities
Tender hates

Its blind thundercloud of green wounded foam.

II

From the green trunks of trees
From the green stones where the moss sleeps
hunger rises to the coffee tree that grows

green always
below the thick shadow of other trees

From the trunks sweating pungent resins
From the red clay made into a vase
men or shadows go down to find the coffee

They will amble along the long avenues of the day
They will sleep in the filthy cold of doorways
    (Dead men spilled under the heavy boot of dream)
They will go away with the winter winds

Hoy he visto una sombra   lenta sombra amarilla
ofrecer su trabajo para cortar café
a las puertas de mi casa

Y se ven tantas sombras iguales en la calle
que sabrá amarillento
                    el café de la tarde.

III

Hoy vi a un hombre sonriendo torpemente

                Se destrozó los dedos
recogiendo café del piso de estos días amargos

Con estas mismas manos acaricia su hambre
a la hora del posol
A la hora justa en que alguien bebe café
con restos de esta sangre
Con sangre de estos dedos
con dedos de estos años
                    De otros
que son los mismos
En esta exacta hora encendida de rojo
en que un hombre sonríe torpemente
a sus manos con sangre.

Today I saw a shadow   slow yellow shadow
offer his labor to harvest coffee
at the doors of my house

And you see so many identical shadows in the streets
that the afternoon coffee
                    will taste yellowish.

III

Today I saw a man with a tired smile

                    He wrecked his fingers
gathering coffee from the floor of these bitter days

With these same hands he strokes his hunger
at the time they're eating *posol*
At the very time someone's drinking coffee
with his blood in it
With blood of these fingers
with fingers of these years
                    Of other years
which are the same
In this same time lit up with red
when a tired man smiles
at his bloody hands.

IV

El cafetal   La sombra   La serpiente
Este vapor que ahoga:
húmedo trapo entrando en los pulmones
La tierra en que te vas hundiendo
Desde hace cuánto
por quién   para qué   por qué

Responda la nauyaca
del incierto color de su veneno
Contesta nigua
desde la carne tierna bajo la uña

Talaje   Piojo
Escarabajo   Chinche   Casampulga
De cada moretón
De cada cicatriz en la piel de la vida

Respondan!

V

Qué silencio en el fondo del cafetal
Qué oscuridad moviendo las hojas más delgadas
     de los árboles
Qué altura truena bajo los pies sobre las hojas secas

Al tallo del cafeto se enrosca el miedo

Arriba
tras la techumbre en sombra de los árboles
el durísimo sol
     babea su rabia.

IV

The coffee plantation   The shadow   The serpent
This drowning steam:
moist rag entering the lungs
The earth where you have been sinking
For so long
for whom   for what   why

Let the *nauyaca* answer
for the uncertain color of its venom
Let the *nigua* answer
for the tender flesh beneath the nail

Louse   Deer-tick
Beetle   Bedbug   Flea
For every bruise
For every scar in the skin of life

                    Answer!

V

What a silence in the depths of the coffee orchard
What a darkness moving the thinnest leaves
        of the trees
What an altitude thunders underfoot on the dry leaves

Fear coils around the stem of the coffee tree

Above
past the shadowed roof of the trees
the hardened sun
                    slavers its rage.

VI

Y quién dice que no vienen del sol todos los males
Y por qué no
Si cada red de luz lanzada sobre el mundo
fermenta el malestar
Convierte en larvas los huevecillos de la enfermedad
Hinca la brasa cruel de su cigarro
sobre la piel más tierna

Pero también desangra las lagunas
Adelgaza los ríos
Luye los cortinajes de la lluvia
y hace surgir las gotas de sudor
                     humana transparencia
como un collar de sal
              que a veces da sabor
          o cae
                sobre una llaga.

VI

And who says all evils do not come from the sun
And why not
If each net of light hurled over the world
ferments ill-being
Converts to larvae the spores of sickness
Grinds the cruel ember of its cigarette
into the tenderest skin

But it also bleeds the lakes
Makes rivers dwindle
Wears away the curtains of the rain
and makes drops of sweat gush forth
                    human transparency
like a necklace of salt
                    which sometimes gives flavor
                        or falls
                            on a wound.

VII

Aquel siembra café con sus manos rugosas
Ese poda el café con sus ásperas manos
Otro corta el café con manos rudas

Manos iguales despulpan el café

Alguien lava el café
                    y se hiere las manos

Otro cuida el café mientras se seca
                              y se secan sus manos

Alguien dora el café
                    y se quema las manos

Otro más va a molerlo
                    y a molerse las manos

Después lo beberemos
                    amargo.

VII

That man plants coffee with calloused hands
This one prunes coffee with rough hands
Another cuts coffee with coarse hands

Similar hands take out the pits of the coffee-beans

Someone washes the coffee
                                    and cuts his hands

Another dries the coffee
                                    and dries out his hands

Someone roasts the coffee
                                    and burns his hands

Another one goes to grind it
                                    and to grind his hands

Afterwards we will drink it
                                    bitter.

JOS

LOS PERICOS

Hablan todo el día
y entrada la noche
a media voz discuten
con su propia sombra
y con el silencio.

Son como todo el mundo
— los pericos —
de día el cotorreo,
de noche malos sueños.

Con sus anillos de oro
en la mirada astuta,
las plumas brillantes
y el corazón inquieto
por el lenguaje . . .

Son como todo el mundo
— los pericos —
los que hablan mejor
tienen su jaula aparte.

ALBERTO BLANCO

THE PARAKEETS

They talk all day
and when it starts to get dark
they lower their voices
to converse with their own shadows
and with the silence.

They are like everybody,
— the parakeets —
all day chatter
and at night bad dreams.

With their gold rings
on their clever faces,
brilliant feathers
and the heart restless
with speech . . .

They are like everybody,
— the parakeets —
the ones that talk best
have separate cages.

WSM

HOTEL DE LUJO

La tarde se oscurece poco a poco.
Los alambres se van llenando
de pájaros que cantan.

Allá los trabajadores
y acá los huéspedes.

Acá la alberca
y allá la sed.

LUXURY HOTEL

Little by little the evening grows dark.
The telephone wires are filling
with more and more birds, singing.

Over there the workers,
and here the guests.

Here the pool,
there the thirst.

RLJ

YO NUBLADO

El cielo era muy azul
antes de que el sol saliera.
Las montañas guardaban tal silencio
que no parecía tanta la distancia.

Luego comenzó a moverse la ciudad,
a levantarse el polvo, con el sol
también las nubes se movieron:
un día más sin claridad . . .

Pasa mi vida de medias horas,
de obras a medias y amores inconclusos.

Tengo que soportar un día más . . .
con el cuerpo y el alma contaminados.

I, CLOUDED

The sky was very blue
before the sun rose.
The mountains were so silent,
the distance didn't seem so great.

Then the city began to change,
the dust to rise, and with the sun
the clouds moved as well:
one more day without a clear sky . . .

My life passes in half-hours,
in projects half-finished and in unfinished loves.

It's one more day I need to get through . . .
with body and soul contaminated.

RLJ

BUENOS DESEOS

Se levanta el humo gris tras la ventana:
un sol oxidado disipa las últimas dudas.

Quisiera dejar esta ciudad
en busca de mejores aires.

El viento de la montaña
cierra las flores en las ramas
y algunos pétalos marchitos caen . . .

Sólo eso — mejor aire —
no la inmortalidad.

GOOD WISHES

The grey smoke rises from beyond the window:
a rusted sun dissipates the last doubts.

I would like to leave this city
in search of air we can breathe.

The wind from the mountain
makes the flowers close themselves on their boughs,
and then withered petals fall . . .

Just that — air we can breathe —
not immortality.

RLJ

LUNA DE LO DIARIO

Recojo minutos al pie de la ventana
y contemplo en silencio los condominios del sur.

El aire de la ciudad es impuro en el crepúsculo
y los autos vuelven por bandadas a sus tristes nidos.

Todas estas vidas
tienen un profundo significado — me digo —
pero cuando intento explicarlo
el ruido de los camiones mi voz apaga.

THE MOON OF DAILY LIFE

I gather minutes at the window sill
and in silence contemplate the condos to the south.

The air in the city is impure at dusk
and the cars return in flocks to their sad nests.

All of these lives
have profound meaning — I tell myself —
but when I try to explain it,
the noise of the buses drowns me out.

RLJ

EL POETA TIENE Y NO TIENE

No tiene la pobreza de Cristo
No tiene la velocidad del zen
No tiene la eficacia de la yoga
No tiene la compasión del budismo
No tiene la sofisticación del tao
No tiene la complejidad del hinduísmo
No tiene la solemnidad de los indígenas
No tiene el sentido del humor de los sufís

Tiene la pobreza de un burgués
Tiene la velocidad de un coraje
Tiene la eficacia de un mecánico
Tiene la compasión de una limosna
Tiene la sofisticación de un actor
Tiene la complejidad de un periódico
Tiene la solemnidad de una quinceañera
Tiene el sentido del humor de un tractor

THE POET DOES AND DOESN'T HAVE

He doesn't have the poverty of Christ
He doesn't have the speed of zen
He doesn't have the strength of yoga
He doesn't have the compassion of buddhism
He doesn't have the sophistication of tao
He doesn't have the complexity of hinduism
He doesn't have the solemnity of American Indians
He doesn't have the sense of humor of the Sufis

He does have the poverty of a bourgeois
He does have the speed that comes from anger
He does have the strength of a mechanic
He does have the compassion of a begged coin
He does have the sophistication of an actor
He does have the complexity of a newspaper
He does have the solemnity of a fifteen-year-old
He does have the sense of humor of a tractor

RLJ

¿PARA QUÉ TANTAS FORMAS?

¿A quién no le gustaría salir a caminar
con unos zapatos hechos a mano por Boehme?
¿O deleitarse comiendo una mandarina
del Jardín de Lacas de Chuang–Tzu?

Lo quiero averiguar, y sigo mi camino . . .

¿Quién no quisiera observar las estrellas
a través de un lente pulido por Spinoza?
¿O tenderse a reposar sobre un manto
de lana cardada y tejida por Kabir?

Junto energía para hallar una respuesta.

¿A quién no le gustaría tocar una canción
en una flauta de carrizo hecha por Krishna?
¿O llegar a sentarse con hambre a la mesa
en un banco de madera construido por Jesús?

Obras maestras sencillas y prácticas.

Tal vez al final del camino sólo importe
el esplendor que brota de un trabajo completo.
La cantidad de energía que se junta en cada obra.

WHY SO MANY FORMS?

Who wouldn't like to go out walking
in a pair of shoes hand-made by Boehme?
Or delight in eating a mandarin orange
from the Lacquered Garden of Chang–Tzu?

I want to find out, I keep on going . . .

Who wouldn't wish to observe the stars
through a lens polished by Spinoza?
Or lie down to rest on a blanket
of wool carded and woven by Kabir?

I gather energy to seek an answer.

Who wouldn't like to play a song
on a reed flute made by Krishna?
Or sit down hungry at the table
on a wooden bench constructed by Jesus?

Simple and practical masterpieces.

Maybe at the road's end all that matters
is the splendor springing from a completed task.
The quantity of energy gathered in each work.

JOS

Carmen Boullosa

CARTA AL LOBO

Querido Lobo:

Llego aquí después de cruzar el mar abierto del bosque,
el mar vegetal que habitas,
el abierto de ira en la oscuridad y la luz que lo cruza a
      hurtadillas,
en su densa, inhabitable noche de aullidos
      que impera
                    incluso de día o en el silencio,
mar de resmas de hojas
que caen y caen y crecen y brotan, todo al mismo tiempo,
de yerbas entrelazadas,
de mareas de pájaros,
de oleadas de animales ocultos.

Llegué aquí cruzando el puente que
      une al mundo
                temeroso con tu casa,
este lugar inhóspito,
inhóspito porque está la mar de habitado.
habitado como el mar.

En todo hay traición porque todo está vivo . . .

Por ejemplo, aquello, si desde aquí parece una
      sombra,
¿hacia dónde caminará cuando despierte?
Como fiera atacará cuando pase junto a él,
cuando furioso conteste al sonido de mis pasos.

CARMEN BOULLOSA

LETTER TO THE WOLF

Dear Wolf:

I'm here after crossing the open sea of the forest,
The vegetal sea where you live,
the angry hole in the darkness and the light that sneaks
　　　　across it,
in the thick, uninhabited howling nights that beat down
　　　　the days,
　　　　　　　　　　　or in the silence,
sea of reams of leaves
that fall and fall and sprout and bud, all at the same time,
of interlaced grasses,
of tides of birds,
surges of hidden animals.

I arrived here after crossing the bridge that connects the
　　　　trembling world
　　　　　　　　　　　to your house,
this inhospitable place,
inhospitable because it swells with life,
swelling like the sea.

Everywhere there is treachery because everything is alive . . .

For example, that thing which looks like a shadow from
　　　　here,
how far will it go when it wakes up?
Like a wild thing it will lunge if I get too close,
infuriated by the sound of my footsteps.

Así todo lo que veo.
En todo hay traición

. . . era el camino, lobo,
la ruta que me llevaba a ti . . .

Escucha mi delgada voz, tan cerca.
Ya estoy aquí.

Escoge de lo que traje lo que te plazca.
Casi no puedes mirarlo,
insignificante como es,
perdido en la espesura que habitas.
Estoy aquí para ofrecerte mi cuello,
mi frágil cuello de virgen,
un trozo pálido de carne con poco, muy poco que roerle,
tenlo, tenlo.
¡Apresura tu ataque!
¿Te deleitarás con el banquete?
(No puedo, no tengo hacia dónde escapar
y no sé si al clavarme los dientes
me mirarás a los ojos).

Reconociéndome presa
y convencida de que no hay mayor grandeza que la del
                         cuello de virgen entregándose a ti,
ni mayor bondad que aquella inscrita en tu
                                   doloroso,
                                   lento,

So it is with all I see.
Treachery everywhere

. . . that was the road, wolf,
the road that brought me to you . . .

Listen to my thin voice, so near.
I'm already here.

From what I bring, pick whatever pleases you.
You barely can see it,
insignificant as it is,
lost in the underbrush where you live.
I've come to bare my throat for you,
my slender virginal throat,
a pale length of flesh with little, barely anything to gnaw,
go to it, go to it.
Fall upon me quickly!
Won't you be thrilled with the banquet?
(I cannot, do not know how to get away
nor whether you will look me in the eyes
just before you sink your teeth.)

Recognizing myself as your prisoner
and convinced there is no greater splendor than this
                    virginal throat submitted to you,
nor greater goodness than that inscribed by your
                              sorrowful,
                              slow,

interminable
y cruel
amoroso ataque,

cierro esta carta.
Sinceramente tuya,

                    Carmen.

interminable,
and cruel
loving attack,

I close this letter.
Sincerely yours,

Carmen.

FG

EL FUEGO

El fuego,
otra vez fuego,
el fuego junto a la lumbre,
en el piso,
subiendo por los sillones,
cruzando las ventanas,
y tras él el fuego,
solamente el fuego.

El fuego otra vez.
¿No lo ven?
¡No lo ven! Es el fuego.
Les parezco una mujer sentada.

Quiero vestirme.
La ropa interior que yo traía puesta, abrió sus tejidos,
los venció el calor,
la blusa abrió sus tejidos,
vencida tambíen,
la falda cedió sus hilos,
ardiendo los dejó caer . . .

Quiero vestirme.

El fuego. No tengo más que el fuego:
Soy la desnuda, la que no tiene encantos.

Quiero vestirme.

FIRE

Fire,
again the fire,
flames burning,
on the floor,
shooting up the armchairs,
out through the windows,
and next to that, fire
only fire.

Fire again.
Don't you see it?
You don't! It's fire.
To you, I look like a woman sitting.

I want to cover myself.
The underclothes I was wearing fell apart,
overcome by the heat,
my blouse unravelled,
vanquished as well,
my skirt surrendered its threads,
letting them fall, ablaze . . .

I want to cover myself.

Fire. I've nothing but fire:
I am exposed, the one with no charms.

I want to cover myself.

Quemo mis vestidos.
Mis cabellos están vencidos también por el calor,
mis pestañas, mis ojos;
mi saliva, un día intacta,
también te espera rendida, vencida, humiliada,
doblada, hincada,
herida como el vapor,
como el vapor aislada,
ahogada en tu espera.

Quiero vestirme.
No hay animal con el que pueda compararme,
desnuda estoy como el ganso o el lirio,
no hay planta con la que pueda compararme,
quemada estoy, quemándome,
impaciente,
interminablemente.

¡Que me ayuden los asnos!
¡Que acudan a mi ayuda
los cerdos o las garzas,
los ruiseñores o las cañas de azúcar!
¡Nada puede ayudarme!
¡Vencida estoy por ti,
por ti fui por mí abandonada!

I burn my clothes.
My hair is consumed by the heat,
my eyelashes, my eyes;
my saliva, one day intact,
it waits for you as well, worn out, routed, humiliated,
folded, crushed,
wounded like steam,
like isolated steam,
suffocated, it waits for you.

I want to cover myself.
There is no animal with which to compare myself,
naked I'm like a goose or a lily,
there is no plant with which to compare myself,
I'm burnt, I am burning up,
impatient,
interminably.

Let the asses help me!
Let the hogs and herons
come to my aid,
the nightingales or the sugarcane!
Nothing can help me!
I am conquered by you,
for you I abandoned myself!

EK

EL OTRO

I

Voy de una a otra hora, errante,
segura de que en ninguna de ellas encontraré casa.

Tanto han construido los hombres para dar forma,
para hacer una cuna del mundo,
pero día con día la luz siempre es distinta,
el aire siempre es diferente;
simples nos dejamos ir sin que la inmensidad pueda
      darnos casa.

Ahora no soy únicamente la que sola, hecha de sí misma,
sin pie se deja ir porque no puede hacer otra cosa:
soy sin mí, soy hecha de piedra o de cobre o de cal
      traidora o de agua . . .
Una extraña entre tantos elementos.

(No reconozco a aquella que era yo antes de engendrarte.
Las noches de entonces aparecen en mi memoria dema-
siado estrechas como para que alguien pueda caber en ellas
porque voy inmensa,
ya no sé parpadear . . .

Nada media entre yo y las estrellas,
nada entre yo y el precipicio.
Incluso el aire innoble se ha enrarecido
para no distanciarme de ellos.)

THE OTHER

I

I wander from one hour to the next
certain I'll find no home.

Men have built much to shape the world,
to make a cradle of it,
but with each day the light is different,
the air always changing;
we artlessly persist though immensity could
        shelter us.

Now I'm not just anyone, self-made, carefree,
who proceeds alone because she can't do anything else:
I am without myself, made of stone, of copper,
        treacherous limestone, or water . . .
a stranger among so many elements.

(I don't recognize the one I was before conceiving you.
In memory, those nights seem too narrow
for anyone to fit in
because now I am immense,
I don't know how to blink . . .

Nothing comes between me and the stars,
nothing between me and the precipice.
Even the meager air has thinned
to keep me close to them.)

II

Allá abajo, en el valle, está la ciudad, repleta de casas y
　　de hombres.
Hacia arriba suben aislados o en grupos, escalan las
　　montañas, ¿para desafiar las alturas?
Yo me encuentro entre los dos grupos, doy vueltas a la
　　falda de la montaña, y no me confundo entre los
　　hombres ni pretendo distinguirme de esta oscuridad,

o estoy nadando en el mar,
el cuerpo desnudo, sumergido, libre como el azúcar
　　que se disuelve,
pero conservo la cabeza sobre la superficie
y en todo momento veo hacia tierra para no perderme,
para estar limitada, como un guijarro en la cuneta,

porque soy el vínculo y no puedo cambiarme por la luz,
cuyo cuerpo es viajar,
no quedarse en un sitio, no tener cuerpo que alguien
　　pueda poseer
o del que alguien se pueda prendar,
como el color que con bondad se funde en el ojo
en cuanto llega,

porque soy el vínculo
y debo sujetarte
y sujetarnos al mundo que jamás quiso darme casa
y del que me reí altiva, exuberante,
huidiza en los ojos de agua del amor,

II

Down there, in the valley, lies the city, full of houses
    and men.
They ascend alone, or in groups, scaling the mountains
    — to defy the heights?
I'm somewhere in between, circling the foothills, I'm not
    confused among men, nor try to stay apart
    from this darkness,

or I'm swimming in the sea,
my body naked, submerged, free as
    dissolving sugar,
I keep my head above water
an eye always on land so I won't get lost,
to stay in bounds, like a cobblestone in the road,

because I am the link and cannot change to light,
whose nature is to travel,
not to stay in one place or have a body someone
    might possess,
might fall in love with,
like a color that melts smoothly
into any eye it reaches,

I am the link
and I should hold you
and subject us to a world that never sheltered me
one I laughed at, proud, exuberant,
escaping into the liquid eyes of love,

porque soy el vínculo
debo aceptar el abrazo helado del mundo y decirle:
"aquí te traigo a mi hijo;
trátalo como me trataste a mí,"
y después de hablar así, en lugar de sentir los labios y la
        lengua escaldados,
debo conservar la calma.

III

Si pudiera colocar mis dos manos
contra una pared
o sujetarme a un barandal con ellas
o abrazar a alguien fuertemente,
pero vago inerme, el viento podría levantarme
y soy frágil como un trozo de vidrio,
absurda como un fruto sin madre.

Sigo pequeña y muda.
En unos momentos
creía ver que por mis pies corría cuanto,
con toda dignidad,
como si el mundo fuera mío o yo del mundo.

Pero así soy más pequeña,
más muda si es posible.
Sostengo todo diálogo con nadie, con el que viene
— todavía ninguno —
y pienso
"bueno, ¿y yo?, ¿dónde quedo?

because I am the link
I should accept the world's icy embrace and say:
"here, I bring you my child,
treat it as you treated me,"
and having said that, instead of feeling my lips and
        tongue scalded,
I should keep my cool.

III

If I could lean my hands
against a wall
grab hold of a railing
or hug someone close,
but I wander defenseless, the wind could take me
I'm as fragile as a piece of glass,
absurd as an effect without a cause.

I'm small and speechless.
There were times
I believed I was in the running,
on sound footing,
as if the world were mine and I a part of it.

But that way I'm made smaller,
more speechless, if that's possible.
I keep up a dialogue with no one, the expected one
— not yet someone —
and I think,
"fine, and me, where do I stand?

Un hijo no me da la selva donde pueda perderme para
    descansar, como el amor,
y cuando estoy en mí todo se convierte en astillas, en
    hoscos cordeles pardos y ásperos."

A pesar de todo, no avanzo contigo hacia el punto terrible
    que imagino acodado esperándome desde hace
    mucho tiempo.
Como siempre ha pasado, las noches se vuelven estrechas a
    algunas horas,
y el mundo se cierra también contra nosotros dos
aunque sólo sea para decirnos aullando lo que él
    considera su dignidad;
pero algunas otras veces tiende a sofocarnos,
como estas tardes de lluvia,
hasta casi ahogarnos con su — ¿cómo llamarla? — , ¿su
    belleza?

IV

Al amanecer me encontré con la otra selva donde tampoco
    puedo perderme:
los árboles del jardín le gritaban al cielo azul — cierto que
    totalmente azul, casi era aún de noche — :
"¡Es diferente! ¡Ella es diferente! ¡No le permitas que se
    acerque a nosotros porque todo su cuerpo nos
    recuerda a la cópula! ¡No percibimos en ella nada más
    que vientre, vientre, Vientre!"

Respiré hondo a su lado, pero no me atreví a acercarme a
    ellos;
frágiles bajo el rayo del sol, a esas horas, turbios,

A child won't give me a jungle to lose myself in repose,
   as love has,
and when I'm on my own everything splinters, into
dark strands, dull and rough."

Still, I don't bring us to that terrible point
   I imagine that has awaited me
   for so long.
As always, at times, the nights
   grow narrow,
and the world closes in on us both
if only to tell us, howling,
   what it's worth;
but other times it spreads out to smother us,
like these rainy afternoons,
until we almost drown, in its — shall we say — its
   beauty?

IV

At dawn I found myself in another jungle where
   I couldn't get lost:
the trees in the garden shouted at the blue sky — yes,
   perfectly blue, though it was almost night — :
"Different! She's different! Don't let her come near
   us because her whole body reminds us of sex!
   In her we see nothing
   but womb, womb, Womb!"

I breathed deeply beside them, but didn't dare
   approach;
fragile in the sunlight, at that hazy hour,

los árboles eran puros como fantasmas y aunque tenues
        como nubes
nunca he visto sus formas más enteras.

Voy de hora en hora, de jardín en jardín,
de casa en casa
gastando mis zapatos inútilmente.

Tuve ocho años, hace no mucho tiempo,
pero pasar de los ocho a los veintisiete no me ha permitido
        dejar de ser el gancho roído
y sí,
voy a tener un hijo.

the trees were just phantoms and though vague
    as clouds,
I've never seen their shapes so complete.

I go from hour to hour, garden to garden,
house to house
wearing out my shoes for nothing.

I was eight years old, not long ago,
but from eight to twenty-seven the years haven't kept me
    from being snapped up as bait
and yes,
I'm going to have a baby.

EK, NJP

EL POETA DEL JARDÍN

Hace tiempo se me ocurrió
que tenía la obligación
como poeta consciente de lo que su trabajo debe ser,
poner un escritorio público
cobrando sólo el papel.
La idea no me dejaba dormir,
así que me instalé en el jardín del Santuario.
Sólo he tenido un cliente,
fue un hombre al que ojalá haya ayudado
a encontrar una solución mejor que el suicidio.
Tímido me dijo de golpe:
"señor poeta, haga un poema de un triste pendejo."
Su amargura me hizo hacer gestos.
Escribí:
"no hay tristes que sean pendejos"
y nos fuimos a emborrachar.

RICARDO CASTILLO

THE POET OF THE GARDEN

A while ago it occurred to me
it was my duty
as a poet aware of what his trade should be,
to set up a desk as a public scribe
and only charge for the paper.
The thought kept me awake at night,
so I set up shop in the garden of the Santuario.
I've only had one customer,
a man I hope I've helped to find
a better way out than suicide.
He shyly blurted out:
"señor poet, make a poem about a sorry asshole."
His desolation halted my hands in midair.
I wrote:
"no one sorry is an asshole"
and we went off to get drunk.

EB

ODA A LAS GANAS

Orinar es la mayor obra de ingeniería
por lo que a drenajes toca.
Además orinar es un placer,
qué decir cuando uno hace chis, chis,
en salud del amor y los amigos,
cuando uno se derrama largamente en la garganta del mundo
para recordarle que somos calientitos, para no desafinar.
Todo esto es importante
ahora que el mundo anda echando reparos,
hipos de intoxicado.
Porque es necesario orinarse, por puro amor a la vida,
en las vajillas de plata,
en los asientos de los coches deportivos,
en las piscinas con luz artificial
que valen, por cierto, 15 o 16 veces más que sus dueños.
Orinar hasta que nos duela la garganta,
hasta las últimas gotitas de sangre.
Orinarse en los que creen que la vida es un vals,
gritarles que viva la Cumbia, señores,
todos a menear la cola
hasta sacudirnos lo misterioso y lo pendejo.
Y que viva también el Jarabe Zapateado
porque la realidad está al fondo a la derecha
donde no se puede llegar de frac.
(La tuberculosis nunca se ha quitado con golpes de pecho.)
Yo orino desde el pesebre de la vida,
yo sólo quiero ser el meón más grande de la existencia,
ay mamá por dios, el meón más grande de la existencia.

ODE TO THE URGE

Urination is the major accomplishment of engineering
at least insofar as drainage is concerned.
Furthermore, to urinate is a pleasure.
What's there to say? One takes a leak
saluting love and friends,
one spills himself long into the throat of the world
to remind himself we're warm inside, and to stay tuned up.
All this is important
now that the world's emitting disaster signals,
intoxicated hiccups.
Because it's necessary, for pure love of life, to urinate
on the silver service,
on the seats of sports cars,
in swimming pools with underwater lights,
worth easily 15 or 16 times more than their owners.
To urinate until our throats ache,
right down to the last drops of blood.
To urinate on those who see life as a waltz,
to scream at them, Long live the Cumbia, señores,
Everybody up to shake his ass,
until we shake off this mystery we are
and the fucked-up love of suffering it.
And long live the Jarabe Zapateado, too,
because reality is in the back and to the right,
where you don't go wearing a tux.
(Nobody's yet gotten rid of TB by beating his chest.)
I'm pissing down from the manger of life,
I just want to be the greatest pisser in history,
Oh Mama, for the love of God, the greatest pisser in
        history.

RLJ

PIN UNO, PIN DOS

Son las diez de la noche.
De nada sirven los 600 gramos de felicidad
que ha ahorrado mi padre.
Prevalece una agitación de ladrones en el seno familiar
y cada quien declina
con su particular manera de desventurar la sangre.
Parece como si el movimiento fuera la bancarrota,
como si el amor fuera tan sólo cosas de adolescentes.
Mi padre nos quiere,
mi madre nos ama
porque hemos logrado ser una familia unida, amante de la
    tranquilidad.
Pero ahora que son las diez de la noche,
ahora que como de costumbre nadie tiene nada que hacer
propongo cerrar puertas y ventanas
y abrir la llave del gas.

ONE POTATO, TWO POTATO

It's ten at night.
The 600 grams of happiness my father
has saved up are worthless.
The thievish scrambling around the family nipple goes on,
and each degenerates
to his own manner of wasting away the blood-line.
It's as though moving out were to admit bankruptcy,
as though love only mattered when you were young.
My father loves us
and my mother adores us
because we're a united, peace-loving family.
But now that it's ten at night,
now when ordinarily no one has anything to do,
I propose we close the doors and windows
and turn on the gas.

RLJ

INDOCUMENTADA ANGUSTIA

Arpías insaciables
    los rascacielos
    consumiendo estrellas,
    hartándose de luna,
    encajonando al viento
    que se venga
    rompiendo flores y paraguas
    y se contenta sólo
    cuando su gran lengua transparente
    conoce una vez más
    la tersa piel del agua.

Llega entonces la niebla
    llena de tantas manos
    y aves peregrinas,
    corre entre las hojas pisoteadas
    amortiguando queja y látigo,
    acallando la indocumentada angustia
    del ilegal en su propia tierra,
    hundiendo sus dedos en la luna
    y en la lejanía sin puertos
    ni faros.

LUCHA CORPI

UNDOCUMENTED ANGUISH

Insatiable harpies
        the skyscrapers
        devour the stars
        eating their fill of the moon
        caging the wind
        which in turn wreaks vengeance
        on flowers and umbrellas
        appeased only
        when its great, transparent tongue
        savors again
        the smooth skin of the water.

The fog rolls in then
        full of countless, wandering
        hands and birds,
        flowing among the trodden leaves
        muting groans and the crack of whips,
        quieting the undocumented anguish
        of a man living illegally in his own land,
        plunging its fingers into the moon
        and into the distance without harbors,
        without beacons.

CR-N

DE MÁRGENES

Uno

El viento enloquecido
hace temblar
árbol
campana
y piedra.
Llega a mí
su risa honda,
desde la región
más salvaje del silencio
tal vez del mismo llanto:
dolor que no ha
aprendido
a ser palabra.

Dos

Ahí
tras mi mesa de labores
donde
las arañas tienden sus telas a secar
y el relámpago pinta frescos sidra
y fantasmas en hogueras
inefable e inmediata
habita la palabra.

FROM BOUNDARIES

One

The demented wind
sets bell
tree
and stone
to tremble.
Its laughter
rises toward me
from the wildest depths
of silence
perhaps from grief itself:
pain that has not learned
to be a word.

Two

Behind my worktable
where
spiders stretch their webs to dry
and lightning paints amber frescoes
and phantoms in open fires
there
unsayable and immediate
lives the word.

Cinco

Cuesta envejecer
sentir la sangre titubear
en su cauce mensual,
imaginar la luna
que me ha ido dejando atrás,
la misma luna que completa
quinientos sesenta ciclos ya
y seguirá su rumbo consabido
cuando de mi sangre
intempestivas
queden sólo la sal y la palabra.

Dieciocho

Vivo con el estómago aquí
y el corazón al otro lado del río,
apenas entro y ya me he ido,
derramo una sonrisa, bebo la tuya
y el invierno ha llegado.

Five

It's difficult to age
to feel my blood falter
in its monthly course,
to think of the moon
beginning to leave me behind,
the very moon that is now closing
its five hundred sixtieth cycle
and will continue on its appointed round
when nothing of my blood remains
but untimely
salt and word.

Eighteen

I live with my stomach here
and my heart across the river,
I'm barely in the door before I'm gone again,
I pour a smile, drink the one you give me
and winter's here.

CR-N

ELSA CROSS

NOCHE DE SAN MIGUEL

Bancas mojadas en la plaza.
Tras la lluvia
los niños saltan sobre los charcos.
Los flamboyanes se desangran sobre el suelo.
Cornisas de palomas.

    Los peregrinos van con cirios
    y coronas de flores.

Halo de insectos en los faroles.
En cada esquina se bebe por San Miguel.
En su fiesta, borracho, deja escapar al diablo.
Las mujeres venden amuletos,
flores de pericón enlazadas en cruz.

    Los peregrinos bailan sus mismas danzas.
    ¿Para qué dioses?

Espigas, cruces, vides.
Ángeles que vuelan,
ángeles que caen
            — del frontispicio.

    Un hombre se desangra las rodillas
    a la mitad del atrio.

El pueblo envuelto en humo
se pierde entre los montes;
los fotógrafos vuelven a sus casas
con sus caballos de cartón.

ELSA CROSS

NIGHT OF SAN MIGUEL

Wet benches in the plaza.
After the rain
children jump into puddles.
Flame-trees bleed on the ground.
Cornices of doves.

    The pilgrims go with candles
    and crowns of flowers.

Halo of insects around street-lights.
On every corner they drink for San Miguel.
Drunk, in his festival, he lets the devil loose.
The women sell amulets,
parrot-flowers knotted in a cross.

    The pilgrims dance their same dances.
    For what god?

Sheafs of wheat, crosses, grape-vines.
Angels flying,
angels falling
             — from the church-facade.

    A man crawls toward the cloister
    his knees bleeding.

The village wrapped in smoke
is lost among the mountains.
The photographers go home
with their cardboard horses.

JOS

JAGUAR

I

Niño jaguar.
              Serpiente.
Fauces abiertas,
ojo que se agranda.
Tu pupila devora el cielo:
noche llena de ojos.

El río lleva caracoles
que en la roca se prenden
                — turquesas bajo el agua.
La arena sella sus secretos.
Entre la piedra, arañas.
Abejas hacinadas sobre las floraciones
                       en el limo.

Noche adonde bajan a beber los tigres
silenciosos como crecidas súbitas.

Niño jaguar,
en tus ojos se entrecierra la noche.
Te duermes
cuando el sol dispara sus flechas
entre las copas de los hules
y enciende el pelaje de los monos.

JAGUAR

I

Jaguar child.
                    Serpent.
Jaws open,
eye widening.
Your pupil devours the sky:
night full of eyes.

The river carries away snails
that stick themselves to the rock
                    — underwater turquoise.
The sand seals their secrets.
Spiders between the stone.
Swarms of bees among the flowering
                                    in the slime.

Night where the tigers go down to drink
silent as flash-floods.

Jaguar child,
the night squints in your eyes.
You sleep
when the sun shoots its arrows
among the rubber trees
and kindles the monkey's coat.

II

Penacho,
fuego abriendo su línea desde los pastizales.
El viejo tira sus dientes de jaguar
como semillas
                    en la tierra sin dueño.

Tejón,
            río de piedras claras.
Viejo con haces de ramas
                        sobre el hombro,
con su bastón de fuego,
con su hato de años.

Allá se mira en la loma
oteando hacia el norte
                        con su bastón de mando.
Masculla conjuros,
                    silbidos de lagartija.
Señores con ofrendas a la lluvia
toman forma en las nubes.

Tormenta,
            fragor sobre los árboles.
Ningún pájaro grita.
Los monos se tapan la cara con las manos.

II

Feather crest,
fire opening a line from the meadows.
The old man throws his jaguar teeth
like seeds
                in the ownerless land.

Coatimundi,
        river of clear stones.
Old man with bundles of branches
                on his shoulder,
with his staff of fire,
with his bundle of years.

He appears on the hill
scanning toward the north
                with his staff of command.
He mumbles spells,
                lizard's whistling.
Lords with offerings to the rain
take shape in the clouds.

Tempest,
            tumult over the trees.
No bird cries.
The monkeys cover their faces with their hands.

III

Hombre jaguar,
                muchacho,
boca esculpida.
Me acechas en el día,
                    me alcanzas.
Tus dientes parejitos.
Tus manos —
                desatan mi vestido.
Ojos de jaguar,
                lumbre amarilla.

En todos lados apareces.
Sales bajo tierra.
Hurtas de los Señores de la Noche
las garras,
los colmillos.
Eres sol en lo oscuro.
Eres guerrero,
                tú peleas.
Manchada de estrellas queda tu piel;
tus brazos,
            color cinabrio.

Por la noche me llevas.
Vamos siguiendo huellas
                no sabemos ni a dónde.
Corres como sereque,
oyes como venado,
hueles el aire,
                narices de jaguar.
Frente amarilla
Soy la oscuridad donde apareces.

III

Jaguar man,
               boy,
sculptured mouth.
You stalk me by day,
               you catch me.
Your even teeth.
Your hands —
               unfasten my dress.
Jaguar eyes,
               yellow shining.

You appear everywhere.
You come out under the earth.
You steal your claws,
your fangs,
from the Lords of the Night.
You are sun in darkness.
You are warrior,
               you do battle.
Your skin is stained with stars;
your arms,
               color of cinnabar.

You take me into the night.
We go following tracks
               we don't even know where.
You run like agouti,
you listen like deer,
you sniff the air,
               nostrils of jaguar.
Yellow forehead.
I am the darkness where you appear.

JOS

TENAYUCA

Ha bajado a la tierra la muerte florida,
se acerca ya aquí,
en la región del color rojo la inventaron . . .
— *Axayácatl*

Parca la noche
cerrará sus dedos
sobre el plúmbago borroso del crepúsculo.
Siluetas de serpientes
asoman cabezas desiguales desde la línea simple.
Así trajo el equinoccio
distinta fortuna a cada cual,
y fue para nosotros
la serpiente enroscada que se yergue
sin extender sombra alguna.
Equinoccio de otoño.
Su silencio como una hendidura hacia otra vida.

Ahora, mientras la tarde llena aún el horizonte,
mientras podemos ver cómo desciende
de cara a la Pirámide
el sol enrojecido,
                    de sangre fecundo,
mientras andamos todavía bajo este muro
                    lleno de calaveras,
ahora, nos amamos.

Llegó frente a nosotros sin tocarnos
el Señor de la Muerte.
De sus espejos salían los relámpagos,
bajo su paso la tierra trepidó.

TENAYUCA

Flowered death has descended to earth,
invented in the region of the color red,
it already approaches us here . . .
                                    — *Axayácatl*

The stern night
will close its fingers
over the blurred lavender of dusk.
Silhouettes of serpents
poke out uneven heads from the simple line.
Thus the equinox brought
a distinct fate to each person,
and for us
it was the coiled serpent lifting erect
and casting no shadow.
Autumn equinox.
Its silence like a fissure toward another life.

Now, while afternoon still fills the horizon,
while we can see
the red sun descend
                    fecund with blood,
facing the Pyramid,
while we still walk below this wall
                    full of skulls,
now, we love.

The Lord of Death
passed by us without touching us.
The lightning flashed from his mirrors,
under his step the earth trembled.

Paso de danzante,
                    tropel de espectros.
Sus huellas dejaron hielo en las gargantas,
polvo sobre la sangre seca,
escombro sobre los cuerpos mudos.
Oímos chillar sus emisarios.
Su tráfago funesto hendía el aire,
y el sol brillaba en tanta destrucción.

Túmulos, hojas abriendo entre sus pliegues el otoño.
Al fondo la memoria que se agota.
Sabor del miedo que se va
del miedo que nos deja
al mirarnos de frente
antes de que su grito quiebre nuestras voces,
antes de que su abrazo nos separe.

De tanta ruina
donde el pasmo los ojos agiganta
en la herida o la pérdida,
de tanta ruina nos alzamos.
Nos alzamos intactos para amarnos
mientras la muerte cantaba a nuestro lado.

Ciudad de México,
22 de septiembre de 1985

Step of a dancer,

                  troop of spectres.

His footsteps left ice in the throat,
dust on the dry blood,
debris on the mute bodies.
We heard his emissaries screeching.
Their fatal commerce split the air,
and the sun blazed over so much destruction.

Tombs, leaves unfolding autumn.
In the depth of exhausted memory,
taste of fear going away,
of fear leaving us
when we look at each other
before its cry silences our voices,
before its embrace separates us.

Out of such ruin
where terror swells the eyes
in loss or wounding
out of such ruin we rose.
Intact, we rose to love one another
while death sang at our side.

                          Mexico City,
                          September 22, 1985

JOS

UXMAL

para John Oliver Simon

Un ala de mariposa se llevan las hormigas.
Designios sobrepasaron el hacer de los hombres.
En contra de sí mismos
dieron cimientos a lo que no buscaban.
Ciegos de tanto sol reflejado en sus piedras pulidas,
miraban sin mirar.
El dios tomó forma de mendigo
y lo echaron de sus ciudades como a un perro.

El viento sopla en las cuatro direcciones
como una ocarina,
como un mirlo triste.
Cruza el arco donde el dios dejó
la huella roja de sus manos
antes de desertar los templos.

En los muros derruidos anidan golondrinas.
Sólo su vuelo acontece.
Y miles de mariposas
como llevadas por una tolvanera
se alzan para caer,
se persiguen,
brotan de cada matorral.
El viento está amarillo de su vuelo —
A la tarde se juntan sobre el barro
con las alas plegadas,
ajenas al circular de los hombres
entre las piedras muertas.

UXMAL

for John Oliver Simon

The ants carry away a butterfly wing.
Design surpassed the work of men.
Against themselves
they cemented what they did not seek.
Blind from such sun reflected on its polished stones,
they looked without seeing.
The god took the form of a beggar
and they threw him out of his cities like a dog.

Wind blows in the four directions
like a clay flute,
like a sad blackbird.
Blows through the arch where the god left
the red prints of his hands
before he deserted the temples.

Swallows nest in the tumbled walls.
Only their flight tells the tale.
And thousands of butterflies
as if carried by a whirlwind
take off only to fall,
chase each other,
spring out of every bush.
The wind is yellow with their flight —
At evening, they huddle on the clay
with folded wings,
alien to the circle of men
among the dead stones.

JOS

MALINALCO

Cayó sobre nosotros el tajo del tiempo.
Juntos quisimos llegar al corazón de los montes,
a la noche extendiendo en el cielo
                                        su piel de jaguar,
a lo que estuvo en otro tiempo a nuestros pies —
inmenso el horizonte que se abría . . .

(Recinto tan fresco, tan oscuro.
Y afuera el sol cegando.
Los cerros amontonados como guerreros muertos.)

El tiempo abrió una grieta
más grande que la raja de los montes.
Así nos separó,
así nos despedimos
                        — antes de haberla visto —
de la orilla sembrada de aquella flor,
Malinal-xóchitl —
nombre de la diosa princesa
abandonada allí,
                        en otro tiempo:

Anduvieron días bajo los vendavales,
noches bajo las tempestades
                                hasta llegar allí.
Tanta humedad
vestía de jade las faldas de los cerros,
apagaba las lumbres.
El cielo pardo como cuero de tambor
                                        retumbaba.
Las flores se abatían bajo la lluvia,

MALINALCO

The cleft of time fell upon us.
We wanted to enter together the heart of the mountains,
the night spreading its jaguar pelt
                                            across the sky,
what was at our feet in another time —
the immense horizon opening . . .

(Shrine so cool, so dark.
Outside the sun blinding.
The hills piled up like dead warriors.)

Time opened a crevice
huger than the crack in the mountains.
Parted us thus,
thus we bade farewell
                        — before seeing it —
to the slope seeded with that flower,
Malinal-xóchitl —
name of the goddess princess
abandoned there,
                        in another time:

They walked for days under dust-devils,
nights under whirlwinds
                              to get there.
Such moistness
clothing the skirts of the hills with jade,
put out the bonfires.
The sky, brown as the skin of a drum,
                                            resounded.
The flowers humbled themselves under the rain,

flores de malinal-li.
En la hondonada plantaron una estaca
                              junto al arroyo crecido,
trajeron piedras,
hicieron un altar.
A la mañana habían huido
más callados que el gato de monte
o que la víbora.
                              Malinal-xóchitl allí.

Otros vinieron después a rascar la roca en lo alto.
Con piedras querían asemejar el cielo,
con animales el día y la noche:
guardianes a las puertas del recinto
donde noche ni día parecían.
Lo que dentro pasó nadie lo sabe,
las palabras nadie las sabe.
Al frente la rajadura de los montes
por donde entró el veinto del sur
a soplar por última vez las caracolas.

Otros rompieron después a martillazos
las orejas del jaguar.
Los dioses se quebraron como tallos de zacate,
se perdieron como las cuentas rodando cerro abajo.
Máscaras de la nada,
gusanos cavando el hoyo de su muerte.

En este tiempo, ahora,
cuando retornan los días aciagos
rompo mis sueños como vasijas,
ahora que el cielo y la tierra se suspenden del caos
y todo se desintegra.

flowers of malinal–li.
In the ravine they planted a stake
                              next to the rain–swollen stream,
brought stones,
made an altar.
By morning they had fled away
more silent than the mountain cat
or the snake.
                    Malinal–xóchitl there.

Others came later to chisel the high rock.
With stones they wished to imitate the sky,
with animals the day and night:
guardians at the gates of the shrine
where neither day nor night appeared.
What occurred within no one knows,
the words no one knows.
In front, the cleft of the mountains
where the south wind passed through
to blow the conches for the last time.

Others later shattered the ears of the jaguar
with hammer–blows.
The gods broke like stems of grass,
were lost like beads rolling downhill.
Masks of nothingness,
worms digging their death–hole.

Now, in this time,
when the unlucky days return
I break my dreams like clay jars,
now that sky and earth hang out of chaos
and everything disintegrates.

En distintos tiempos cruzamos el umbral,
lengua de serpiente devorándonos.

Tú sigues el séquito del sol.
Mi pecho dejaste abierto.

Desde lo alto las casas blancas,
flores que se desbordan por las cercas.
Me miro allá,
no más grande que una abeja.
Canta mi corazón,
se llena de inmensidad en este tiempo nuevo.

1985-1988

At different times we crossed the threshold,
tongue of the serpent devouring us.

You follow the entourage of the sun.
You left my breast cut open.

From on high the white houses,
flowers overflowing the fences.
I see myself there,
no larger than a bee.
My heart sings,
filling with immensity in this new time.

1985-1988

JOS

SUBMARINO

para Eduardo Hurtado

En el fondo del patio,
en el rincón profundo
donde nadie se asoma,
estoy otra vez con mi mejor amigo.
Lejos de la sordidez de premios y castigos,
nos sumergimos en la conversación
que inventa países silenciosos.
Entre tablas y escombros
hemos construido debajo del desorden
un submarino que todos desconocen.

ANTONIO DELTORO

SUBMARINE

for Eduardo Hurtado

In the depths of the courtyard
in a hidden corner
where nobody thinks to look,
here I am again with my best friend.
Far from sordid prizes and punishments,
we submerge ourselves in conversation
inventing silent countries.
Out of planks and rubbish
under all disorder we have constructed
a submarine unknown to everyone.

JOS

LOS DÍAS DESCALZOS

I

Los días descalzos saben vivir salvajes,
van por aquí y allá en libertad despierta;
si pisan una piedra saben su edad,
si pisan una hoja la hoja reverdece,
si pisan el asfalto emergen
las pisadas ya libres de zapatos:
viven en el placer, corren como los niños,
y se abren a la lentitud, como al sol los ancianos.
El agua en las baldosas
da charcos rojo indio,
en ella el sol de medio día
es el sol de la tarde.
Sobre la superficie del estanque
vuelan dos mariposas blancas,
abajo las libélulas trazan sus tenues territorios,
más arriba, entre nubes, vuelan los zopilotes,
va el agua por el aire,
lleva sus sombras,
recoge sus semillas.
Brotan de las piedras los amates,
salta la selva entre los arcos.

II

He mentido para acercarme a los otros.
Traicioné mi alegría;
mi alegría idiota y porque sí,
porque los pájaros,
porque el aire y las ramas.

BAREFOOT DAYS

I

The barefoot days know how to live in the wild,
they go everywhere in wakened freedom;
if they step on a stone they know its age,
if they step on a leaf it turns green again,
if they step on the sidewalk their footprints
come up free of shoes:
they live in pleasure, run like children,
and open to languor, like old men to the sun.
Water on the pavement
makes Indian-red puddles,
in it the mid-day sun
is the afternoon sun.
Above the pond's surface
fly two white butterflies,
dragonflies trace tenuous territories lower down,
higher, among clouds, the buzzards fly,
water flows through the air,
carries its shadows,
gathers its seeds.
Fig trees sprout from the stones,
the jungle leaps through the archways.

II

I have lied to get closer to others.
I betrayed my joy;
my idiot joy and why not,
because the birds,
because the air and the branches.

Ahora, de regreso, puedo alegrarme;
porque sí, porque los pájaros,
porque el aire y las ramas.
Todavía existe el calor,
la luz de esta mañana,
el agua que sale de los grifos.
Los días descalzos son fragmentos de Cuernavaca.
Dentro de mí, sobre la acera,
toman el sol un nieto y un abuelo,
apenas hablan; miran los árboles, las sombras.
El nieto en el rayo de luz se pasma,
el abuelo apura con deleite el olvido
que un poco de sol le otorga.
Mis pasos me llevan a mis ojos y esta luz a esos árboles,
voy por la calle siguiendo los letreros, los rostros, mis
        corazonadas;
agradezco las pausas en las bancas y la prolongación en las
        banquetas;
¿la acera que se pierde en la distancia, es la misma que se
        dobla en la esquina?
La fascinación por este muro me hace repetir la misma
        cuadra,
hoy es enero y mayo se cuela por el aire,
son las doce, en todas partes está Cuernavaca:
de perfil está de frente la calle Atlacomulco
        en la Calle Vallarta.

Now, coming back, I can rejoice;
why not, because the birds,
because the air and the branches.
The warmth still exists,
this morning's light,
water coming out of the tap.
The barefoot days are pieces of Cuernavaca.
Inside me, on the sidewalk,
a grandfather and grandson bask in the sun,
they speak little; they look at trees and shadows.
The grandson's dazzled by the rays of light,
the grandfather gladly hastens the oblivion
a little sun affords him.
My steps carry me to my eyes, this light to those trees,
I follow the street-signs, faces, my hunches;
I'm glad to rest on a bench, glad to continue;
is that sidewalk lost in the distance the same
      that turns the corner?
Fascinated by this wall I repeat the same block,
it's January, and May lurks in the air,
it's twelve noon, Cuernavaca is everywhere:
Atlacomulco Street in profile,
     Vallarta Street full face.

III

En las antenas de televisión palomas;
sobre las azoteas, entre tinacos,
colgados de cuerdas de colores,
calcetines, camisas y calzones;
en el cielo las nubes
y en el oído los pájaros.
Me voy por la ventana con mis ojos
por la luz de este martes.
Hoy es mediodía por la calle tranquila,
la campana anuncia el camión de basura,
ocultos por la barda juegan los niños,
los miro en el balón que sube y baja;
pronto saldrán de la escuela vecina
y se llenará la acera de jícamas y chicharrones.
En mis ojos que viven el presente,
esta mañana es un solo país:
amanecí con su luz en los párpados
y desperté desde sueños lejanos
como quien llega del sueño iluminado de las primeras
    horas.
Lentamente descenderé por peldaños de luz.
No he de llorar lo que se fue ni lo que vino:
en esta claridad, con este clima, han transcurrido ya
    cuarenta años.

III

Doves on TV antennae;
on roof-tops, between water-tanks,
hung from colored cords,
socks, shirts and underpants;
clouds in the sky
and birds in the ear.
My eyes take me through the window
in this Tuesday's light.
Now it's noon in the calm street,
the bell announces the garbage truck,
the children play hidden behind the fence,
I watch them in the ball rising and falling;
soon they'll charge out of the neighborhood school
and the street will be filled with jícamas and chicharrones.
In my eyes which live the present moment,
this morning is one country only:
I woke with its light in my eyelashes
from distant dreams
like someone arriving out of an illumined primordial
    dream.
Slowly I will descend by steps of light.
No use to weep for what has come and gone:
in this clarity and climate, forty years
    have passed.

JOS

LA CASA VENDIDA

Vendimos la casa
y entró en nuestros sueños;
empezó a transformarse,
a variar de ubicación,
a ocupar calles desconocidas,
a ahondarse como un pozo,
a poblarse como un hospital.
Nos remuerde la casa vendida
el jardín, la biblioteca,
los árboles, las duelas,
todo lo que quisimos
se queja, nos reclama.
Sólo en la decadencia
se vende una casa;
con la casa vendida
se multiplicaron en nuestros sueños
las escaleras, las puertas, los abismos.

THE SOLD HOUSE

We sold the house
and it entered our dreams;
it began to be transformed,
to change its location,
turn up on unknown streets,
to sink like a well,
fill with people like a hospital.
The sold house gnaws at us,
the garden, the bookshelves,
the trees, the floorboards,
everything we loved
complains, reclaims us.
Selling a house
reveals our decadence:
with the house sold
its stairways, doors and chasms
multiply in our dreams.

JOS

FÓSILES

En la presencia fósil de la forma
la eternidad parece blanca.
Rastros: ni ruinas, ni cenizas;
obras del azar, ecos, máscaras fúnebres.
Ni un átomo de ser, sólo la forma:
traducciones de la vida a la piedra caliza
como las letras en el papel pero más puras.

FOSSILS

In the fossil presence of form
Eternity appears white.
Traces: no ruins, nor ashes;
works of chance, echoes, funeral masks.
Not one atom of being, only form:
translations from life to limestone
like letters on the paper, but purer.

JOS

FÁBULA DEL CAZADOR

a José Emilio Pacheco

Un hombre comienza a pensar en un lobo.
Al principio este lobo es sólo una silueta inmóvil:
un bulto pardusco agazapado en la oscuridad,
un hocico jadeante.

Días después el pensamiento del lobo regresa.
Se adueña de la memoria con cuatro patas poderosas.
El hombre dirige entonces una débil linterna
y localiza la acechante figura de ese lobo pensado.
Bajo la repentina claridad despiertan dos pupilas amarillas,
dos hileras de colmillos afilados, relucientes.
Desde el centro del círculo un gran lobo gris
          lo mira,
con la fija atención del animal frente al peligro.
Cada músculo sometido a una tensión precisa.
La pelambre del lomo erizada, eléctrica.
Húmedos los belfos, punzantes las garras.

La noche sorprende al hombre inclinado sobre su mesa
          de trabajo.
El pensamiento del lobo merodea impune, desafiante.

Decidido, el hombre empuña un lápiz:
se ha propuesto cazar al lobo.

FABLE OF THE HUNTER

to José Emilio Pacheco

A man begins to think about a wolf.
At first this wolf is only an unmoving silhouette:
a dark gray bulk crouched in darkness,
a panting snout.

Days later the thought of the wolf returns.
It seizes his memory with four powerful paws.
The man then aims a faint lantern
and locates the lurking figure of this thought-wolf.
In this sudden clarity, two yellow pupils awaken,
two rows of razor-sharp teeth, glistening.
From the center of the lighted circle a large gray wolf
        watches him,
with the fixed gaze of an animal facing danger.
Every muscle subjected to a precise tension.
The hair on its back erect, electric.
Its lips moist, its claws extended.

The night surprises the man leaning over his
        work-table.
Defiantly, the thought of the wolf marauds him.

Determined, the man grasps a pencil:
he has resolved to hunt the wolf.

Transcurren las horas y se manchan las hojas con dibujos
     feroces:
en cada giro su mano se desliza con una agilidad
     inexplicable, casi felina.
Sus trazos se vuelven más que espontáneos: instintivos.

Pronto su lobo es una sola línea.
Un salto visible entre la vida y la muerte.
Entonces el hombre se detiene: ha comprendido.

Apenas tiembla al escuchar el largo aullido al fondo del
     jardín.
Se levanta de la mesa y sale hacia la madrugada.
Ni siquiera nota que se apagan ya las últimas
     estrellas.

Hours pass and the blank pages are filled with ferocious
    drawings:
in its every move his hand slides with an inexplicable
    agility, almost feline.
His strokes become more than spontaneous: instinctive.

Soon his wolf is a single line.
A visible leap between life and death.
Then the man pauses: he has understood.

He scarcely trembles when he hears the long howl from
    the back of the garden.
He rises from the table and walks out into the dawn.
He doesn't even notice that the last stars are already
    disappearing.

RLJ

HORTENSIA

Para las bodas de Hortensia yo guardo las tijeras del alba. Todo lo que Hortensia requiere para casarse es un temblor de camelias, una fuente nevada a orillas de Bruselas y una frase vagamente amorosa redactada al desgaire en el dorso de la tarjeta postal.

Cuando Hortensia piensa en estas cosas circulan las amonestaciones — aunque de manera subterránea, como un oscuro rumor de raíces —. Los días se pueblan de adolescentes ebrios y harapientos bajo el dominio de un sol despiadado. Nada cura la tristeza de las sábanas que destilan lentas lágrimas de almidón.

Hortensia se olvida de estas cosas cuando piensa en su boda. Para ella el desencanto de los otros es siempre menor que la urgencia de sus pezones y por las noches mira deslizarse entre sus muslos una lagartija azul. (Las noches tienen algo de ancho río en el sueño de Hortensia y su cama flota en la corriente como la isla del deseo, como la barca de la domadora de peces.)

Y la boda de Hortensia se prepara en secreto — aunque el volumen de su vientre sea la comidilla de plazas y cantinas, concierto de alambiques y furgones en pleno cabildo, confabulación de tahúres que nadie se atreve a interrumpir —, pues yo guardo las tijeras del alba, las pálidas camelias, la fuente nevada a orillas de Bruselas y aún no llega el día en que me siente a escribir la frase clave en el reverso de la tarjeta postal.

HORTENSIA

For the wedding of Hortensia I'm saving the scissors of dawn. All that Hortensia needs to get married is a trembling of camellias, a snow-covered fountain at the edge of Brussels and a vaguely amorous sentence frivolously written on the back of a postcard.

When Hortensia thinks about these things, marriage banns begin to circulate — though in a subterranean manner, like an obscure rumor among roots. The days are populated with drunken and ragged adolescents under the rule of a pitiless sun. Nothing cures the sadness of sheets that distill slow tears of starch.

Hortensia forgets these things when she thinks of her wedding. For her the disillusion of others is always less important than the urgency of her nipples, and at night she watches a blue lizard slide down between her thighs. (Nights have the feel of a wide river in Hortensia's dream, and her bed floats in the current like an island of desire, like the boat of the woman who tames fish.)

And the wedding of Hortensia is prepared in secret — though the volume of her belly might be the gossip of plazas and bars, a concert of distilleries and freight cars out in the town square, a confabulation of gamblers that no one dares interrupt —, so I keep the scissors of dawn, the pale camellias, the snow-covered fountain at the edge of Brussels, and still the day hasn't arrived when I sit down to write the perfect words on the back of a postcard.

RLJ

Francisco Hernández

EL NIÑO DE LA FOTOGRAFÍA

para Omar Hernández

El niño de la fotografía, obligado a permanecer
bajo esa luz que sabe no volverá a repetirse,
adelanta el gesto huraño, esconde el sudor de sus manos y
no ve al fotógrafo que pretende revelarlo para fijarlo: lo
que mira son peces que cruzan en el aire la plata de sus
flancos en busca del anzuelo que cada uno trae en la boca.

El fotógrafo ignora que el niño no ha dormido nunca, que
al tratar de hacerlo le dicen que los sueños perturban a los
indefensos o que una mujer lo aguarda para limpiar su
cuerpo con albahaca.

El niño piensa: estoy frente a un pelotón de fusilamiento.

El fotógrafo no piensa: dispara.

FRANCISCO HERNÁNDEZ

THE BOY IN THE PHOTOGRAPH

for Omar Hernández

The boy in the photograph, obliged to stand still
in the light he knows he'll never see again,
puts forth a skittish hand, conceals the sweat on his palms,
can't see the photographer set to develop him, to fix him:
he's watching fish with silver flanks crisscrossing in midair
to seek the hook in each one's mouth.

The photographer doesn't suspect that the boy has never
slept, that when he tries he's told that dreams disquiet the
undefended, or that a woman lies in wait to wash his body
with sweet-basil.

The boy thinks: I'm up before a firing squad.

The photographer doesn't think: he shoots.

EB

HASTA QUE EL VERSO QUEDE

Quitar la carne, toda,
hasta que el verso quede
con la sonora oscuridad del hueso.
Y al hueso desbastarlo, pulirlo, aguzarlo
hasta que se convierta en aguja tan fina,
que atraviese la lengua sin dolencia
aunque la sangre obstruya la garganta.

UNTIL THE POEM REMAINS

Strip away all the flesh
until the poem remains
with the sonorous darkness of bone.
And smooth the bone, polish it, sharpen it
until it becomes such a fine needle,
that it pierces the tongue without pain
though blood chokes the throat.

JOS

AL AUTOR DE "DREAM SONGS"

Ahí, donde cayó
el suicidio de John Berryman,
el río forma continuamente
círculos de espuma
que al diluirse
producen el sonido del verso
sólo escuchado en sueños.

TO THE AUTHOR OF "DREAM SONGS"

There, where John Berryman
fell in his suicide,
the river continually shapes
circles of foam
which, as they dissolve,
produce the sound of poetry
only heard in dreams.

JOS

AUTÓGRAFO

El hombre está sentado frente a mí, en una
habitación donde no hay nadie más. Le acerco
un libro pequeño, de pastas negras y le pido que
lo firme. Entonces el hombre se incorpora, saca
su pluma y el libro, ya inmenso, abierto e integrado
a la pared, comienza a ser recorrido por la nerviosa
mano. Surgen árboles con nubes en vez de copas,
bestias que se alimentan de terrones, zopilotes
inmóviles en la quietud del aire y vías de tren que
pasan herrumbradas hacia la línea del horizonte.
Rulfo cierra el libro, guarda la pluma y me dice
en silencio:
— No sueñe más. Este es mi nombre.

AUTOGRAPH

The man is seated before me, and there
is no one else in the room. I hand him a
small book with a black cover, and ask him
to sign it. Then the man draws himself up,
takes up his pen and the book, now huge
and opening to the size of the wall, and begins
to leaf through it with a nervous hand.
Trees surge forth with clouds instead
of leaves, wild beasts devouring the earth,
buzzards motionless in the silent air and
rusted railways leading to the horizon line.
Juan Rulfo closes the book, puts away his pen
and quietly tells me:
"Stop dreaming. This is my name."

JOS

LLUVIAS DE NOVIEMBRE

I

Voy a ponerte un cuchillo en la mano
para que desentierres a la lluvia
y examines la locura de sus transformaciones.
La lluvia es un diamante sucio: míralo.
Escucha sus organismos tenues y toca
sus fragores vegetativos. Te daré oscuridad
para que de la lluvia saques el día, inventes
las toscas nubes y deshagas el cielo.
Abre la boca y verás. Cuando cierres
     los ojos,
la tumba de tu cuerpo será la noche fresca.
La mirada y las voces de la lluvia
te irán desenterrando: caminarás al filo
de tu propio cuchillo, transformándote.

II

Cómo da vueltas en la sombra y cae
y deslumbra: magnética, incesante.
Cómo el tajado brillo de su furia
desentierra los nombres y las máscaras.
Vívida, misteriosa, diminutivamente
sus murmullos avanzan, se detienen.
Óvalo y muchedumbre, *soledad*,
agua vacía. Ardiente, numerosa.
Pálida de esplendores, vindicativa, ciega,
domina el mundo sola — deshaciéndose.

DAVID HUERTA

NOVEMBER RAIN

I

I'll put a knife in your hand
that you may unearth the rain
and examine the madness of its transformations.
The rain is a dirty diamond: look at it.
Listen to its tenuous organisms and touch
its vegetative uproar. I'll give you darkness
that you may pull the day from the rain, invent
rough clouds and unwind the sky.
Open your mouth and you'll see. When you close
     your eyes,
the tomb of your body will be the cool night.
The gaze and the voices of the rain
will exhume you: you'll walk on the edge
of your own knife, transforming yourself.

II

How it turns in the shadow and falls
and dazzles: magnetic, ceaseless.
How the sliced shine of its fury
uncovers the names and the masks.
Vivid, mysterious, minutely
its murmurs advance and stop.
Oval and multitude, *solitude*,
hollow water. Burning, numerous.
Pale in splendor, vengeful, blind,
it alone dominates the world — as it vanishes.

III

Grandes olas azules van a levantarse
y a brillar en el corazón de la Tribu.
Pasarán los fantasmas relampagueando.
La Tribu verá cómo en el cielo
se rompen los tres tiempos
y se deshacen los cuatro espacios.
Ah, esta lluvia de alaridos, ronca,
ferviente, bramando sobre los bordes!
La noche es nada más, ahora,
una diseminada duración. La lluvia
gobierna todo.
             Yo la veo en tu luz
y en la frescura aciaga de tus ojos.

III

Great blue waves will rise up
and shine in the heart of the Tribe.
Ghosts will pass in a lightning flash.
The Tribe will see in the sky how
the three times shatter
and the four spaces dissolve.
Ah, this rain of howls, roars,
fierce, bellowing over the borders!
Night is no more, now,
than a scattered duration. Rain
rules all.
                    I see it in your light
and in the ill-fated calm of your eyes.

LP, NJP

El cuerpo firme y todas sus ideas dicen *esperar*.
El cuerpo está recibiendo el amanecer, son olas llenas,
    cruzan por la limpieza de los ojos.
(Ya escribir es una forma del cuerpo . . .) Recibo
    esto con una plenitud de ayeres, algo
    ya conocido
— pero nunca sabido, nunca puesto en palabras. El alma se
    hace cuerpo, la carne
va conociendo nombres que nunca presintiera, largos
    nombres, llenos vocablos. Voy saliendo a recibir en la
    lengua el poder.
Las rayas del poder me dicen que, finalmente, no se trata
    de eso.
¿Entonces qué? Mis pies me llaman con una honda
    ternura, un par de pies tibios, terráqueos; pies de
    humano ser, pedazos de carne sola y doble, pies de
    caminatas hondas y esperanzadas.
El cuerpo tiembla, se rehace. Voy desnaciendo. Voy, sin
    saberlo,
al pozo más solitario, a la hondonada roja: mis pies
    avanzan, tiemblo,
ya no sé ni mi nombre, todo es la negrura, y
    mi llanto me asusta.
He de llorar y lloro entre las ráfagas azules. Yo mismo
    me salvo,
me agarro los cabellos y salgo hasta donde el cuerpo firme
    y todas sus ideas siguen esperando, estoy
en la crucifixión, en la fría llamarada, en el solo desierto.
Todo está rojo, tiemblo. En mi boca se cuecen los
    fantasmas del susto, del gran miedo.

The physical body and all its ideas say *wait*.

The body is receiving the dawn, great waves cross the
purity of its eyes.

(Now, writing is a form of the body . . .) I receive this
with a plenitude of yesterdays, something already
recognized

— but never known, never put into words. The soul
becomes body, the flesh

begins to know names that it never sensed before, long
sonorous names. I emerge to receive power in my
tongue.

The lines of power tell me that, in the end, it isn't
about this.

What, then? My feet call to me with a deep tenderness, a
pair of neutral feet, terrestrial; feet of a human being,
pieces of single and doubled flesh, feet of deep and
hopeful walks.

The body trembles, rallies. I am being unborn. I go,
without knowing it,

To the loneliest well, to the red ravine: my feet
advance, I tremble,

now I don't even know my name, everything is blackness,
and my weeping startles me.

I must cry and I cry among the blue flashes. I
save myself,

I grab my hair and go where the physical body and all its
ideas are still waiting, I am

in the crucifixion, in the cold blaze, in the only desert.

Everything is red, I tremble. The phantoms of fright, of
the great fear, boil in my mouth.

Estoy entrando en la llamarada negra, en la piedra
    movediza y roja.
Alzo la cara, veo espejos . . .
Veo la llamarada, las rayas doradas en movimiento. Veo el
    temblor de todo lo diferente. La materia
me circunda y me enciende; soy un pedazo de la materia
    adversa que me habla sin palabras; es
un círculo, un vértigo, una fiera, un vocabulario.
Sigo mi paso, sigo mi movimiento: cruzo la materia, soy
    como un fantasma, estoy claramente
en la luz de esta mundo. Amanece. No reconozco mis
    palabras. Y en mis palabras veo una negrura,
    un rojo miedo.
En la transparencia roja y negra de las palabras
veo un cuerpo muerto que es mi cuerpo. Me doy palabras,
    me muevo, sigo mi movimiento.
El mundo relampaguea en mi cara. El mundo es otro
    cuerpo, como el mío, pero está hecho de enormes
    chispas, de
resplandores. El mundo es una mancha luminosa que voy
    tragándome.
Está amaneciendo pero yo no lo creo. Me levanto, dudo de
    todo.
Me entrego a la luz, otra vez me levanto. El mundo
es una mancha en el espejo. La luz va dándome nombre,
    no lo quiero.
El mundo me dice lo que tiene que ser. Hay una
    llama viva.
Tendré que decir lo que tenga que decir — o callarme.

I'm entering the black blaze, the quivering
    red rock.
I raise my face, see mirrors . . .
I see the blaze, the golden rays in movement. I see the
    tremor of everything that is different. Matter
surrounds me and ignites me; I am a piece of hostile matter
    that speaks to me without words, it is
a circle, a vertigo, a wild beast, a vocabulary.
I follow my step, I follow my movement: I pass through
    matter, I am like a phantom, I am clearly
in the light of this world. Dawn. I don't recognize my
    words. And in my words I see a blackness,
    a red fear.
In the red and black transparency of words
I see a dead body that is my body. I give myself words, I
    move, I follow my movement.
The world thunders in my face. The world is another
    body, like mine, but it is made of enormous
    sparks, of
spendors. The world is a luminous stain that I am
    swallowing.
It is dawning but I don't believe it. I get up. I doubt
    everything.
I surrender to the light, again I get up. The world
is a spot on the mirror. Light is giving me a name, I don't
    want it.
The world tells me what has to be. There is a
    living flame.
I shall have to say what I must say — or be silent.

LR NJP

ENVOLTORIOS

Envuelvo en trapos de transparencia
lo que se ha desprendido,

lo doy al fuego
de la visibilidad,

óvalos de las llamas, sentencias
o frases

para la prosa del tiempo.

Envuelvo eso que te tocaba,
el gajo y el cuchillo,

el halo del paladar, los enredos
sabios o sabrosos de la lengua,

los versos de la naranja
sobre la curiosidad papilar.

Envuelvo la redondez del ruido
en busca de la paronomasia:

escuchadas pedrerías
de guturales y de aliteraciones

que fluyen y se tropiezan,
cruzan hacia el Oriente del pentagrama.

Envuelvo estos olores
y los anudo bajo las adivinaciones del sabueso

PACKAGES

I wrap in rags of transparency
what has come undone,

I give it to the fire
of visibility,

ovals of flames, sentences
or phrases

for the prose of time.

I warp what touched you
the branch and the blade,

the palate's halo, sage
or savory tangles of the tongue,

the orange's poems
on papillary curiosity.

I wrap the roundness of sound
in search of paronomasia:

resonant precious stones
of gutturals and alliterations

that flow and stumble,
cross to the East of the pentagram.

I wrap these fragrances
and tie them beneath the bloodhound's divinations

y en la comisura del sándalo
y en el pliegue del anís.

Envuelvo las manos que han tocado el cosmos
y se hundieron en el místico lodo,

regresaron a los rostros y ahora
se abren en la sombra como palabras.

and in the juncture of sandalwood
and in the crease of anise.

I wrap the hands that touched the cosmos
and sank into the mystic mire,

they returned to the faces and now
open in the shadow like words.

LP, NJP

EL TEMBLOR

I

era en el sueño un águila buscando su alimento
    desplomábase
        hallaba lo anhelado
            retomaba su vuelo hacia la cumbre.

en el sueño los ruidos eran ciertos
y crujían las paredes

en los ojos abiertos al espanto
el espejo movía su mundo reflejado

por eso fue el impulso
de salir de aquel sueño hacia otro sueño

rezar bajo los marcos de las puertas
el consejo empolvado en la memoria

una calma llegó por consecuencia

— cuando la lluvia acaba
en los cementerios hay un olor a fresco —

EDUARDO LANGAGNE

THE EARTHQUAKE

I

in the dream there was an eagle looking for food
    careening downward
        searching for what it craved
           then it flew upward again to the summit.

in the dream the noises were real
and the walls were creaking

in eyes opened at the shock
the mirror moved the reflected world

and so the impulse
to leave that dream for another

to pray under the door-frame
dust-covered advice from memory

finally a calm settled

— when the rain ends
there's a smell of freshness in the cemeteries —

II
(poco después)

al caminar por aquello que fue tu ciudad
imaginas la guerra
y recuerdas los filmes de las bombas
que silban como pájaros traidores

caminas aún sin tiempo
de asustarte o llorar
encuentras una niña
debajo de una flor

III
(el eco)

escuchas los tambores
que trasmiten los hechos
el águila habita su refugio en el monte

la serpiente ha sido ya engullida

IV

bajo la piedra aquella
hallarás mi memoria lastimada

II
(just after)

while walking through what was your city
you imagine war
and you remember the filmed footage of bombs
that whistle like traitorous birds

you're walking without having time
to be frightened or to cry
you find a baby girl
beneath a flower

III
(the echo)

you listen to the drums
which tell of the events
the eagle remains in its nest on the mountain

the snake has already been devoured

IV

beneath that stone
you will find my wounded memory

RLJ

OTRA VEZ ABRIENDO LOS CAJONES

Éste es el fémur de mi abuelo eduardo
nacido en el norte del país
según reza la inscripción a cuchillo tallada

éste es el diente triangular del tiburón
el amuleto del abuelo más hermoso
el que inventó la luz y las navajas
y el aire que parte una manzana en dos

una cabeza de ajo
y ese corcho que algún día
evitó que el vino se fugara

aquí un verso de la abuela josefina
que leía al dante
y una vez empeñó
la bellísima edición de la comedia

aquí una carta de dolores españa
que a veces cura las migrañas con cebolla
y su tiernísima mala ortografía
y sus ojos con hache
azules verdes
otra vez de un azul inexplicable

una tarjeta que ana ortega
me escribió el veintiuno de diciembre
en que aprendí a gritar garganta afuera

no tengo nada de rebeca o de manuel

OPENING UP THE CASKETS

This is the femur of my grandfather eduardo
born in the north
so says the inscription carved on the stone

this is the triangular tooth of the shark
the amulet of my most beautiful grandfather
the one who invented light and razors
and the air that cuts an apple in two

a head of garlic
and that cork which one day
kept the wine from escaping

here a verse from grandmother josefina
who read dante
and once pawned
an exquisite edition of the comedy

here a letter from dolores españa
who sometimes cures migraines with an onion
and her very tender bad spelling
her "eyes" written with "i"
greenish-blue
inexplicably blue again

a card that ana ortega
wrote me the twenty-first of december
which taught me to scream out loud

i have nothing from rebeca or manuel

de rafael tan sólo
un extraño afecto por los potros cuatralbos
que galopan en terreno pedregoso

ya ven ustedes
con tantos abuelos
es lógico que uno crea en los dinosaurios

hay una cinta en donde canta nina
colmada de colores
y una carta de alejandro
que ahora está en parís
y puede confirmar que existen
sitios grandes del mundo
ciudades moribundas
que en su último estertor fabrican frío

hay más cosas
unos poemas adornando las astas de ese ciervo herido
pero bien herido
tanto que ni siquiera podía buscar amparo en la montaña

disculpen
me emociono
qué le voy a hacer
discépolo
ese tanguero extraordinario que escribió
uno busca lleno de esperanzas

él dijo soy sencillo
me emociona encontrar una pasa
en el arroz con leche

from rafael only
a strange message of affection for white-hoofed colts
which gallop across rocky terrain

you see already
that with so many grandparents
it's logical to believe in dinosaurs

there is a tape on which nina sings
full of colors
and a letter from alejandro
who's in paris now
and can confirm that in the world
there are huge places
dying cities
that to their last breath manufacture cold

there is more
a few poems adorning the antlers of that wounded deer
badly wounded
so badly it couldn't climb to seek the mountain's protection

i beg your pardon
i get emotional
but what am i to do
discépolo
that extraordinary composer of tangos who wrote
one keeps searching filled with hope

he said i'm a simple man
it moves me to find a single raisin
in my rice pudding

me sucede lo mismo

ahora empiezan a salir los animales
que jamás domestiqué

aquí el azahar que usé en mi boda
junto a esa flor de cera derretible
hay débiles recuerdos
traje gris y corbata muy brillante
los parientes risueños
simpáticas urracas algún buitre
y hay recuerdos muy fuertes todavía
por ejemplo fernando
ese compadre mío que toca la guitarra
aquel día dijo
    señor
    ten piedad
    de nosotros
pero fuerte
como si cantara

acabo de encontrar algo muy pálido
un pequeño caracol rosado
dice a lápiz te amo
pero puede borrarse al más leve contacto de los dedos
el mundo ya pasó por encima sus pulgares

fotografías ahora
yo parado en una sola oreja
gabriela montando mis espaldas
cabalgando su caballo inofensivo
barbudo potro no por cierto bello
solitario lobo aullándole a la luna

it's the same with me

now here come the animals
i was never able to tame

here's the orange blossom from my wedding
next to that soft wax flower
there are faint memories
gray suit and very bright tie
the relatives smiling
friendly magpies some vulture
and there are memories still very strong
fernando for example
that buddy of mine who plays the guitar
that day he said
        lord
        have pity
        on us
but out loud
as though he were singing

i've just found something very pale
a small pink shell
pencilled on it is i love you
which will disappear at the slightest touch of a finger
the world has already rubbed its thumbs over it

now photographs
me standing on one ear
gabriela on my back
riding her harmless horse
her bearded by no means beautiful colt
lone wolf howling at the moon

aquí una foto de mamá
que cuando mira a chaplin comerse su zapato
su mayor preocupación
consiste en saber si es de su número
aquí mamá tendría dos años más o menos
y pensaba que el mundo
era el circo ambulante de la tía esperanza
nosotros aprendimos
a colgarnos del trapecio con los dientes
y a girar con furia para alzar el vuelo
siempre intentando desatarnos las manos

hay más cosas

un sobre que especifica mi salario
una bandera desteñida
un niño que me pertenece

1980

here a photo of mama
as she watches chaplin eat his shoe
her main concern
is knowing if it's her size
here mama would be about two years old
and thought the world
was aunt esperanza's travelling circus
we learned
to hang from the trapeze by our teeth
and spin faster and faster higher and higher
always trying to let go with our hands

there is more

an envelope which tells me my salary
a faded flag
a child who belongs to me

1980

RLJ

DE CAPRICORNIO

Tú me cuidas,
no quieres que junte guijarros
en el acantilado,
que corone de cardos mis trenzas,
que me alimente de ortigas.
No quieres que cuide alimañas,
temes que levite encima del tejado.
Pero puedes descifrar cartografías de cenizas
en mis faldas.
Sabes de telas de araña que curan heridas
en mi bajo vientre.
Has visto el hilillo de sangre
que brota del índice de mi corazón
cuando escribo.

Te has dado cuenta.
Nuestros ojos duerman entonces
en diferentes equinoccios.

ELVA MACÍAS

FROM CAPRICORN

You keep an eye on me,
you wish I wouldn't gather stones
along the cliff,
or weave thistle crowns for my hair.
You object to my diet of nettles
and menagerie of things that creep and crawl.
You're nervous I might levitate above the roof.
But you discern cartographies of ash
within my skirts.
You know which spider webs heal wounds
below my waist.
You've witnessed the threadlet of blood
that wells from the index finger of my heart
when I write.

It's dawned on you.
That our eyes may sleep
in separate equinoxes.

EB

INDICIOS

Este es el relato que te inscribe en la leyenda.
Y por esta memoria y esta dicha de haberte cuidado
como el hijo varón que nunca tuve,
después de tu traición te consuelo y resguardo.
Niño deseado por todos,
como hechizado inicias la marcha
y a tu galope no emboscadas, no ejércitos,
ni fieras salvajes se enfrentan.
Sólo encrucijadas de tu historia:
El peine que tu amada caprichosa tiró
se vuelve un zarzal inextricable
de espinas que partirán tus brazos.
El espejo en que tu madre contempló su
     desencanto,
será un lago de agitadas aguas que cruzará tu barca.
La espada que abandonó tu padre,
abrió al caer de tajo un precipicio que librarán tus pasos.

Desde el alcázar en que tejo las redes del insomnio,
te prevengo de las trampas de tu destino.

INDICATIONS

This is the story that inscribes you in legend.
And through this memory and happiness
of having cared for you as the son I never had,
I console and protect you after your betrayal.
Child desired by all,
as if spellbound you begin your quest
and no ambush, no army
nor wild beasts oppose your galloping.
Only the interstices of your history:
The comb your flighty lover threw away
becomes an inextricable bramble
of thorns that will tear your arms.
The mirror where your mother contemplated her
      disillusionment
will be a lake of choppy waters your boat must cross.
The sword abandoned by your father
fell from the cliffs to open a chasm your steps must climb.

From the fortress where I weave the nets of insomnia
I warn you of the snares of your destiny.

JOS

IMAGEN Y SEMEJANZA

El bien sea dado.
El mal no resucite.
Señora de la sentencia del ser,
es tu reino el que recorro
como el más humilde peregrino,
con la fe como báculo
y el azoro como único alimento.
Tu vía láctea se ensancha
cubierta de cercenaduras de estrellas
y el santuario aguarda únicamente tu determinación.
Mi esperanza se funda
en el entendimiento
de nuestra alcurnia y degradación
de nuestra virtud y nuestro vicio
de nuestro placer y atadura
de nuestra generosidad y rapiña.
¿A quién amamos?
Espejo de las miserias, dí,
espejo de la virtud,
explica.
Ya las cosechas no se pierden a nuestro paso
ni altar se erige sobre nuestro vientre.
Una es nuestra mano.
Una es la mano de la alianza,
una la que conduce los primeros pasos
de la progenie,
una la mano que se crispa
ante la esterilidad,
una la que rechaza la unión
la misma que arranca la constelación de la matriz
y la que recibe el astro de nuestro vientre.

IMAGE AND LIKENESS

Let good be a given.
Let evil not come back to life.
Lady of the sentence of being,
it is your kingdom I wander
like the humblest pilgrim,
my faith like a staff
and confusion my only nourishment.
Your milky way extends
covered with clippings of stars
and sanctuary only awaits your will.
My hope is founded
in the understanding
of our lineage and degradation
of our virtue and addiction
of our pleasure and bondage
of our generosity and violation.
Whom did we love?
Mirror of miseries, speak,
mirror of virtue,
explain.
Harvests are no longer blighted at our passage
nor altars erected upon our womb.
Our hand is one.
The hand of friendship is one,
one the hand that guides the first steps
of the toddler,
one the hand that contorts
against sterility,
one the hand that rejects union
the same that wrenches the constellation from its matrix
and that which receives the star of our womb.

No hay a quien culpar
no hay a quien agradecer.
Mujeres somos
desde el inicio de la gestación
hasta más allá de la vida y de la muerte
marcada o trunca en la estela de la descendencia.
Mujer también la que acompaña nuestros pasos
y exige el agua del deseo
el agua de la purificación
el agua de la inmundicia.
No sólo para incendiar la nave hemos nacido:
para tripular embarcaciones
que naufragarán con nuestra sola presencia,
para detener las furias del mar
con el pubis descubierto y salobre
como un mascarón de proa ante la tormenta.
Cese el canto de las sirenas
el llanto de mujeres castigadas
que se acostaron con ángeles del infierno.
Y no entre la nostalgia heredada
en nuestro lecho.
Nuestro lecho sea de paz
o de grandes batallas de placer,
nuestro lecho sea de soledad elegida.
El humo del sacrificio asciende
cuando la ofrenda es un animal enfermo
o el hijo más amado:
las prostitutas y las vírgenes
las madres y las yermas
las solas y las ayuntadas entre sí
las parejas fornicando
y los pequeños animales
domésticos que no quisimos ser.

There is no one to blame
no one to thank.
We are women
from the instant of conception
to the farther shore of life and death
marked or cut short in the wake of descendancy.
Woman too she who accompanies our steps
and demands the water of desire
the water of purification
the water of filth.
We were not only born to burn our bridges
but to sail ships
which will sink from our mere presence,
and to hold back the furious sea
with our uncovered salty pubis
like a figurehead against the storm.
Let the song of the sirens cease,
the lament of women punished
for lying with the angels of hell.
And let not inherited nostalgia
enter in our bed.
Let our bed be peaceful
or of great battles of pleasure,
let our bed be for chosen solitude.
The smoke of the sacrifice rises
when the offering is a sick animal
or the best-loved son:
the prostitutes and virgins
the mothers and the barren
the lonely women and those who joined together
the couples fornicating
and the small domestic
animals we did not wish to be.

Paraíso perdido
isla encantada
tierra de promisión
de tu entraña surge el volcán
que ha de sepultarnos.
Apartemos los vestigios
de todos los templos
mientras la luna se revierte
en el espejo de nuestro universo múltiple.

La manzana es de piedra
y latente está la semilla de la sierpe
que no ha de devorarse a sí misma.

Lost paradise
enchanted island
promised land
out of your entrails surges
the volcano which will bury us.
Let us remove the vestiges
from every temple
while the moon changes back
into the mirror of our multiple universe.

The apple is made of stone
and latent is the seed of the serpent
who need not devour herself.

JOS

FABIO MORÁBITO

MI REGULAR APARICIÓN

El parque está más sucio
que otros años,
sucio de fiestas infantiles,
de platos de cartón
y servilletas.
Cuando se han ido todos,
vienen los perros y revientan
las bolsas de basura,
que riegan por el pasto.
La hierba tiene salsa catsup.
De noche
salen los novios a besarse,
se oyen sus súplicas,
sus risas,
sus perdones,
y es cuando el parque
es más seguro,
se puede recorrerlo sin peligro,
donde se acaban las parejas
me regreso,
repito el mismo círculo.
Tal vez ya me conocen
y me agradezcan
mi regular aparición
entre los árboles.
Tal vez eligen su lugar
por mí,
para quedar adentro de mi ruta
y no sentirse solos,

FABIO MORÁBITO

MY REGULAR APPEARANCES

The park is dirtier
than other years,
dirty from children's parties,
paper plates
and napkins.
When everyone leaves
dogs come and
burst open trash bags,
strew them over the ground.
The grass gets salsa catsup.
At night
the lovers come out to kiss,
whisper sweet nothings
laugh
forgive each other,
and that's when the park
is safest,
can be crossed without danger,
where the couples end
I turn back,
and repeat the same circuit.
Maybe they know me by now
and appreciate
my regular appearances
among the trees.
Perhaps they choose their spot
with me in mind,
make sure they're on my route
and don't feel all alone,

cuando más bien yo soy
el protegido,
yo que adecuo mis pasos
a sus besos,
mis ganas de ejercicio
a sus ardores locos
y que me atrevo sólo
donde se atreven ellos.

though clearly they're the ones
protecting me
as I tailor my path
to their kisses
my urge for exercise
to their mad passions
venturing only
where they venture first.

EB

OIGO LOS COCHES

En la mañana oigo los coches
que no pueden
arrancar.
A lo mejor, entre los árboles,
hay pájaros así,
que tardan en lanzarse
al diario vuelo,
y algunos nunca lo consiguen.
Me alegro cuando un auto,
enfriado por la noche,
recuerda al fin la combustión
y prende sus circuitos.
Qué hermoso es el ruido
del motor,
la realidad vuelta a su cauce.
¿Cómo le harán los pájaros
para saber en qué momento,
si se echan a volar,
no corren ya peligro?
¿Qué nervio de su vuelo
les avisa
que son de nuevo libres
entre las frondas de los árboles?

I HEAR CARS

In the morning I listen to cars
that won't
start.
Most likely in the treetops,
there are birds who hesitate
before they launch into
their daily flight,
and others who never make it.
It cheers me when a car
numbed by night
remembers combustion
and its engine catches at last.
A lovely sound is a
motor,
reality back in its groove.
How do birds tell
exactly which moment is safe
to take off?
What flight-nerve lets them know
they are
free again
in the branches of the trees?

EB

LOS COLUMPIOS

Los columpios no son noticia,
son simples como un hueso
o como un horizonte,
funcionan con un cuerpo
y su manutención estriba
en una mano de pintura
cada tanto,
cada generación los pinta
de un color distinto
(para realzar su infancia)
pero los deja como son,
no se investigan nuevas formas
de columpios,
no hay competencias de columpios,
no se dan clases de columpio,
nadie se roba los columpios,
la radio no transmite rechinidos
de columpios,
cada generación los pinta
de un color distinto
para acordarse de ellos,
ellos que inician a los niños
en los paréntesis,
en la melancolía,
en la inutilidad de los esfuerzos
para ser distintos,
donde los niños queman
sus reservas de imposible,
sus últimas metamorfosis,

SWINGS

Swings aren't newsworthy
they're simple as a bone
or a horizon,
they're fueled by a body
and their maintenance is based
on a dab of paint
every so often,
each generation paints them
its own color
(to embellish its childhood)
but leaves them as they are,
not pursuing new kinds
of swings,
there are no swing competitions,
they don't give swing classes,
no one steals swings,
the radio doesn't broadcast
the squeaking of swings,
each generation paints them
its own color
to remember them,
the way they initiate children
in parentheses,
melancholy,
the uselessness of trying
to be different,
where children burn
their reserves of the impossible,
their final metamorphoses,

hasta que un día, sin una gota
de humedad, se bajan
del columpio
hacia sí mismos,
hacia su nombre propio
y verdadero, hacia
su muerte todavía lejana.

until one day, without a drop
of moisture, they descend
from the swings
toward themselves,
toward their own true
names, toward their
still distant deaths

MK

DUEÑO DE UNA AMPLITUD

Voy a mirar este terreno
lentamente, a recorrerlo con los ojos
y los pies
antes de edificar el primer muro,
como un paisaje virgen
lleno de densidad
y de peligros,
porque lo quiero recordar
cuando la casa me lo oculte,
porque no quiero confundirme
con la casa,
no voy a olvidar
este paisaje
ni cómo soy ahora,
dueño
de una amplitud,
de todo lo que tengo.
Mejor no tener casa
que estar en ella como un ciego.
Voy a quedarme aquí
despacio,
nativo y pobre,
viendo el terreno cómo es,
no imaginando nada,
ni un muro, ni un ladrillo,
a oírlo todo
hasta saber
dónde ha de doler menos
una casa,
dónde es mejor poner
la piedra del comienzo.

MASTER OF AN EXPANSE

I will look this land over
slowly, cover it all with my eyes
and my feet
before I set up the first wall,
a virgin panorama
dense and full
of dangers,
I want to remember all this
when it is hidden by the house,
for, I don't want to confuse myself
with the house,
I won't forget
this land
or how I am
now
master of an expanse
of everything I have.
Better to have no house
than be inside one as a blind man.
I will remain here
slow,
native and poor,
see the land as it is,
imagining nothing,
not a wall, not a brick,
listen to it all
until I know
where a house will
do least harm,
where it is best to place
the first stone.

EB

ISABEL QUIÑONEZ

EN NUESTRO ABATIMIENTO

Antes de que hubiera sacerdotes,
cuando los músicos y los danzantes
no se cubrían con máscaras
ni ocultaban sus cráneos deformes,
enterrábamos a nuestros padres
con alimentos para su nueva vida,
eran pocos y pobres; y en nuestro abatimiento
los envolvíamos con mantas
donde parecía que soñaban,
y en nuestra ansia los teñíamos de rojo
para que palpitaran en su nueva vida.
Ahora nos guían los sacerdotes,
los artistas hablan ataviados,
y para ahorrarles su mitad de muerte
matamos a los hijos y mujeres de los recién amortajados
y esperamos, junto a los ríos,
las tormentas que mutilan el aire,
mientras balbuceamos en cuclillas
como los jorobados de lengua colgante,
así, nada más, quietos,
cuando el sol se va del mundo.
Ya no teñimos nuestros muertos:
es sólo una figuración
el que su cara dulce acompañe nuestros ritos.

ISABEL QUIÑONEZ

IN OUR DESOLATION

Before there were priests,
when musicians and dancers
didn't hide behind masks
nor disguise their misshapen skulls,
we buried our fathers
with food, something spare and simple
for their new life; in our desolation
we wrapped them in blankets
where it seemed they slept,
and in our anguish we stained them red
so their hearts would beat in the new life.
Now priests guide us,
costumed performers declaiming,
we kill the children and wives of the newly enshrouded
to spare them their portion of death,
and we wait next to rivers
for storms that slash the air,
while we crouch, babbling
like hunchbacks with lolling tongues,
just so, stilled,
when the sun abandons the earth.
Now we no longer stain our dead:
their sweet countenance at our ceremonies
is only a pretense.

NJP EK

FLUIR, HUNDIRNOS

Tener días como sueños,
sangre en el pensamiento.

Fluir hacia lo abierto, hundirnos:
bajo la tormenta
los nardos no lloran su blancura.

Fragancia o pena
de nosotros se desgajan
y vuelven a brotar.
¿Por qué buscar tutores:
el asiento, la cobija?
Gestos precisos,
cuerpos de caricias envejecen
frente a espejos de aire;
nuestro insomnio se niega a tocar,
a recordar, a despedirse.

Los perros nos miran con piedad,
los huesos bromean a nuestra costa.

TO FLOW, SUBMERGE OURSELVES

To possess days like dreams,
blood in the mind.

To flow toward the open, submerge ourselves
beneath the storm
the spikenard doesn't weep for its whiteness.

Fragrance or pain
they're torn from us,
but return to flower again.
Why seek guides:
a place, a shelter?
Precise gestures,
bodies of caresses grow old
before mirrors of air;
our insomnia refuses to touch,
to remember, or to say goodbye.

Dogs watch us with pity
bones joke at our expense.

NJP

EL DESEO DE LUZ

El deseo de luz en la sombra
me hace ver sombras
en este sitio impreciso
sabe a sangre mi boca.

THE CRAVING FOR LIGHT

The craving for light in the darkness
makes me see phantoms
in this uncertain state
my mouth tastes of blood.

EK

DÍAS

Días jubilados
con su borroso rostro
y venas grises,
el sopor, la tensión
— pequeño incendio —
nombrado por el caos:
a temperatura ordinaria
esa sustancia aérea
congrega los espejos,
esto es: olerse, tolerarse.

RETIREMENT

Retirement
with its blurred face
and grey veins,
lethargy, tension
— low-burning fire —
chosen at random:
at room temperature
that airy substance
gathers up mirrors,
it's like this: understand yourself, put up with it.

EK

TE SIENTO CORRER SOMBRAS ABAJO . . .

a Edith Cariño

Te siento correr sombras abajo.
Tu figura me recuerda a las niñas
cuando salen del colegio.
Es de noche y te escapas
después de darme a beber tus lágrimas.
¿A dónde vas?
mis manos no alcanzan a tocar tu talle
más anhelado que una lluvia de estrellas.
Quisiera que la ciudad amara tu cuerpo perdido,
imaginarte cuando entras a casas desconocidas
y a farmacias buscando la aspirina
que alivie tus males inmediatos.
Aquella tarde ¿te acuerdas? después del ron
te sorprendió la muerte
— indefensa como un racimo de uvas —
y se hizo tu amiga;
desde entonces te acompaña a llamar por teléfono
de madrugada, a torear el amor,
a jugar en el bosque como una adolescente.
Mientras, los resortes de la cama
se adhieren a mi cuerpo.
Y pienso en tu regreso
como si esperara un hijo.

SILVIA TOMASA RIVERA

I SENSE YOU CAREENING DOWNSHADOW . . .

for Edith Cariño

I sense you careening downshadow.
Your shape reminds me of little girls
let out of school.
It's nighttime, you give me your tears to drink
and escape.
But where have you gone?
My hands reach for your form,
crave it like a rain of stars, but can't touch you.
I want the city to love your lost body,
I envision you entering strange houses
and pharmacies, looking for aspirin
to dull your immediate ills.
That evening — remember? — after some rum,
death surprised you
— defenseless as a bunch of grapes —
befriended you;
since then it keeps you company
when you talk on the phone in pre-dawn hours,
bull-fight with love,
frisk like an adolescent in the woods.
In the meantime the bedsprings
stick to my skin.
And I think of your return
as though expecting a child.

EB

MADRE, QUIERO IR AL MAR . . .

Madre, quiero ir al mar.

Tuxpan queda lejos
a hora y media y la carretera tiene
un buen trecho de terracería.
¡Mejor vamos a la playa del río!

Madre, quiero ir al mar.

No te conforma nada.
¿Para qué el mar en este tiempo?
vas a poner el agua roja,
además, Tuxpan es feo,
las palmeras parecen ahorcados
cuando se viene el norte.

Madre, quiero ir al mar.

El sol de las dos de la tarde
no es cualquier cosa, te despelleja
y a los recién nacidos les sume la mollera.

A las que van al mar, se les meten culebritas
y les crece la panza.

¿Quieres surdir en otra playa
con el cuerpo hinchado y sin cabellos,
como el muchacho de 16 años?

MOTHER, I WANT TO GO TO THE SEA . . .

Mother, I want to go to the sea.

It's a long way to Tuxpan
an hour-and-a-half's drive,
a good stretch of it dirt road.
Let's go to the river instead.

Mother, I want to go to the sea.

You're never satisfied.
Why the sea at a time like this?
you'll turn the water red,
besides, Tuxpan is dreary
the palm trees look like hanged men
when the wind comes in from the north.

Mother, I want to go to the sea.

The two o'clock sun
is no joke, it can flay you
it makes babies' soft-spots cave in.

People who go to the ocean get worms
and their bellies swell up.

You want to bob up on some other beach
all hairless and bloated
like that boy of sixteen?

Porque el mar no es el río,
el mar mete su lengua hasta que te ahoga,
te destroza, es un beso del diablo
ese mar.

Si vas, te reconoceremos sólo
por la cadena de oro de tu cuello.
¿Quieres ir al mar?

Eso quiero.

Because the sea is not a river,
the ocean sticks its tongue in till you drown,
it lays you waste, it's the devil's kiss
that sea.

If you go, the only way we'll know it's you
is by the gold chain on your neck.
You want to go to the sea?

Oh yes.

EB

ESTAMOS DE FIESTA . . .

Estamos de fiesta en un rancho cercano;
llegamos a caballo y nos reciben
con cervezas y agua de tamarindo.

Es la boda de Rosa Pecero,
aquí vinimos el año pasado
cuando Rosa cumplió 15;
ahora está toda de blanco en lo que llaman
el umbral de su vida.

Apenas sale, los jaraneros empiezan a trovar,
las muchachas la rodean,
tienen una gota de envidia en los ojos.

El novio Cipriano no se acerca para nada,
debajo de un mezquite, sólo toma cerveza.

WE'RE AT A FIESTA . . .

We're at a fiesta on a nearby ranch;
we come on horseback and they greet us
with beer and tamarind drinks.

It's the wedding of Rosa Pecero,
we came here last year
when Rosa turned 15;
now she's all in white, on what they call
the threshold of her life.

As soon as she appears the musicians joke in verse,
the girls crowd round her,
a speck of envy in their eyes.

The bridegroom Cipriano won't come near for anything,
beneath a mesquite bush, he just drinks beer.

EB

LOS VAQUEROS . . .

Los vaqueros que regresan de campear
traen la algazara de mayo,
esperan que anochezca.

La Rufina vive en Palmasola
dicen que tiene una casa con varios cuartos,
y varios corredores, donde muchachas
de piel morena y cabellos ensortijados
como nidos de palomas moradas,
se dedican a cuidar el jardín.

Cuando los hombres van a Palmasola
regresan con un brío
como de caballos salvajes,
dispuestos a enfrentarse al sol
y al verdor destellante del potrero.

Papá, ¿quién es La Rufina?
Cállate niña, es cosa de hombres.

THE COWHANDS . . .

The cowhands back from the pastureland
bring the huzzahs of May.
They wait for night to fall.

La Rufina lives in Palmasola,
they say she has a house with lots of rooms
and lots of hallways, where girls
with dusky skin and hair curled up
like nests for violet doves
devote themselves to gardening.

When men go to Palmasola
they come back with the mettle
of wild horses
ready to take it all on: the sun,
the grassland so green it shoots sparks.

Papa, who is La Rufina?
Hush, child, these things are for men.

EB

José Javier Villarreal

UN LARGO SILENCIO . . .

Un largo silencio se desprende, una orquídea cae
sobre el gesto del amante, solo en su pesadilla,
en su sinuoso navegar por los mares del naufragio.
Aquí el espejo se rompe, las fieras emergen, rodean la casa,
muerden la raíz del tálamo, lamen el muslo blanco
        de la infiel.
Ahora la tormenta es un grito, un solo campanazo que
        retumba en las calles del puerto.
Con el cabello blanco por el viento y la sal, con las cuencas
        vacías como concha o caparazón ennegrecida;
vacilante de tanto miedo, abismado por un amor que
        destroza las embarcaciones, los muelles, los huesos
        todos de mi cuerpo;
así, frente al mar, frente a este mar de plomo: yo, entre
        cadáveres, de madrugada:
despierto;
en tu rastro de sacrificios y venganzas despierto.

Despierto entre oscilantes planetas
sobre las altas cataratas de la carne
cuando el lagarto se esconde en el desamparo de las
        cuencas oscuras.
Escribo
entre riscos,
en la corta y diminuta sombra del adolescente amordazado;
más que prófugo o voyeur: incrédulo testigo;
entonces, suspirante y temeroso, escribo;
navego a la deriva de un invierno mitad grifo, mitad sierpe;

JOSÉ JAVIER VILLARREAL

AN IMPOSING SILENCE . . .

An imposing silence breaks loose, an orchid falls
on the gesture of the lover, alone in his nightmare,
in his sinuous passage through the seas of shipwreck.
Here the mirror shatters, beasts emerge, encircle the house,
gnaw the root of the wedding bed, lick the adulterer's
     white thigh.
Torment is a shout now, a lone tolling resounding
     in the streets of the port.
With hair whitened by wind and salt, eye sockets empty
     as a shell or a blackened husk;
swaying with terror, unhinged by a love
     that destroys
vessles, docks, each bone in my body;
there I am, facing the sea, this leaden sea: I am,
among cadavers, at dawn:
awake;
on your trail of sacrifices and revenge I awake.

I awake between oscillating planets
above cascading waterfalls of the flesh
as the lizard hides in the dereliction of darkened
     eye sockets.
I write
between cliffs,
in the brief, diminutive shadow of the muzzled adolescent;
not just fugitive or voyeur: incredulous witness;
then, sighing and fearful, I write;
I sail rudderless from a winter half-griffin, half-serpent;

por sus anillos me deslizo, en sus colmillos finco mi casa,
    fundo mi ciudad.
De noche escribo, cuando los hechizados abandonan las
    bancas del parque
De noche, cuando las fieras salen del tedio de sus
    escondrijos
y las vírgenes emergen de sus deseos, y los muchachos —
    bruñidos — como copas de extrañas pócimas y
    exóticos elíxires
se derraman . . .
Escribo cuando el pueblo duerme sordo al imperioso jadeo
    de los amantes,
y la sal del mar busca su luz en la tosca y resentida piedra;
en ese momento:
rostros, halcones que entre sus alas sienten el movimiento
    de los ríos y los sueños:
agitación de helechos bajo los almohadones de las novias.
Escribo desde la alta marea donde la noche se desborda.
Escribo escuchando el trombón de los amantes,
la orquestación infinita del deseo.
Escribo sabiéndote cercana,
en el momento mismo que una estrella se clava en mi
    costado, y brillo;
cuando la madrugada arrea su grey de tritones, dragones
y mis alas se despliegan. Entonces
recorro las calles de mi cuerpo, de tu cuerpo; entonces te
    penetro
en este alado navegar de horas nocturnas.

Monterrey, junio de 1990

I slip through its rings, set up house in its fangs,
    found my city.
At night I write, when the bewitched
    leave the park benches.
At night, when beasts abandon the boredom of their
    hideouts
and virgins emerge from their desires, and boys —
    burnished — overflow like cups of
    rare potions,
exotic elixirs . . .
I write while people sleep deaf to the urgent panting
    of lovers,
and the sea's salt seeks its light in coarse, resentful stone;
in that moment:
faces, falcons that sense between their wings the stirring of
    rivers and dreams:
the motion of ferns beneath the pillows of brides.
I write from the high tide where night surges over.
I write listening to lovers' trombones,
the infinite orchestrations of desire.
I write knowing you're near,
at the very moment a star nails itself in my side
    and I shine;
when dawn herds its flocks of tritons, dragons
and my wings unfold. Then
I pass through the streets of my body, your body; then I
    enter you
in this winged transit of nighttime.

Monterrey, June, 1990

MK

BALADA A LA MEMORIA DE FRANÇOIS VILLON

Hoy, a veinte de abril de 1470, un cadáver germina,
nace firme como rama de encino, como pechos de
    doncella.
Es el silencio que provoca el invierno, la corona que
    protege al asesino.
A las afueras de París los ángeles juegan a los dados
mientras los menesterosos oyen el graznido de los cuervos,
ven el rostro ya cercano de nuestra señora La Muerte.
Ahora que los cadáveres se levantan como pendones al aire,
que los buitres celebran la justicia de los hombres,
un muchacho de poca estatura y corto entendimiento,
un villano cualquiera, un aprendiz quizá, lee unos versos al
    pie del cadalso,
unas estrofas burdamente rimadas y peor construidas;
lee el epitafio que años atrás escribiera uno de los
    colgados,
uno de aquellos ángeles que, a las afueras de París, se
    jugaban el recaudo de los clérigos, el oro, la soberbia
    y el poder de los príncipes y señores.
Ahora el pueblo contempla la obra de la justicia:
los vientres hinchados, las caras amoratadas, y esa mujer
    que llora con el rostro embozado.
Todos los artefactos se han detenido, todas las maquinarias
    han parado su marcha:
el reloj de arena, la clepsidra, el resorte de la ballesta, y la
    noche inmensa del astrolabio;
y es que esta manana, al amanecer, por el camino de
    Angers han colgado a François Villon,
lo han dejado como una señal, como un
    punto de referencia;

BALLAD IN MEMORY OF FRANÇOIS VILLON

Today, April 20, 1470, a cadaver buds,
is born solid as an evergreen branch, as a maiden's
    breasts.
It is the silence that winter provokes, the crown that
    shelters the murderer.
On the outskirts of Paris the angels shoot dice
while the needy listen to the cawing of crows.
glimpse the looming face of our Lady of Death.
Now that the corpses rise up like wind-whipped banners
and vultures celebrate human justice,
a boy of modest stature and understanding,
a nondescript villager, perhaps an apprentice, reads
    some verse at the foot of the gallows,
some poorly rhymed, clumsily metered stanzas;
he reads the epitaph written years before by one of the
    hanged men,
one of those angels who, on the outskirts of Paris, gambled
    away the priests' collection box, the gold, power and
    haughtiness of princes and lords.
Now the people contemplate justice's handiwork:
the swollen bellies, livid faces, and that woman weeping
    behind a veil.
All the gadgets have stopped, the machines gone dead in
    their tracks:
the hourglass, water clock, crossbow's spring, the vast night
    of the astrolabe;
all because this morning at dawn, on the road to Angers,
    they hanged François Villon,
left him as a signal,
    a reference point;

pero en ese aliento hecho piedra, en ese cuello quebrado
    acecha el último de los arcángeles
— la voz de mando —,
el coro de los ángeles, de los desterrados,
el odio de una batalla que aún no se ha perdido.

but in that breath turned stone, in that broken neck,
    the last of the archangels lies in wait
— the voice of authority — ,
watches the choir of angels, of outcasts,
the hatred of a battle still raging.

MK

SIN TÍTULO IV

Sé que me está viendo desde el infierno
    de sus ojos,
que su fino puñal atraviesa todos los días mi corazón,
y que afuera, detrás de la puerta, me espera con su
    terrible desnudez.
Sé también que puedo reconocerla en las manos apretadas
    del demente,
en la voz de la vieja prostituta que se empeña en ser
    hermosa;
en esa muchacha turbada por el ángel del deseo.
A veces la descubro en el rostro iluminado de la noche,
en el vaso con agua que el hombre se lleva a la boca,
en el disparo; en el cuerpo que cae en medio
    de la calle.
Pero ahora sé que se tiende en el hueco de mi cama,
que es quien cuida de la tranquilidad de mis sueños,
quien prepara el desayuno y me despide en la puerta
    con un beso.

UNTITLED IV

I know that she's peering at me from the firestorm
    of her eyes,
that her slender dagger incessantly pierces my heart,
that somehwere, behind the door, she awaits me with her
    terrible nakedness.
I also know I can recognize her in the clenched fists of
    the lunatic,
in the voice of the old prostitute still determined to be
    beautiful,
in that girl troubled by the angel of desire.
Sometimes I discover her in night's lit-up face,
in the glass of water the man raises to his lips,
in the gunshot; in the body falling in the middle
    of the street.
But now I know that she's lying in the hollow of my bed,
she's the one who guards the serenity of my dreams,
prepares my breakfast and sees me off at the door
    with a kiss.

MK

CANTO DE PENÉLOPE
DESDE LAS PLAYAS DE ÍTACA

a Martha Casarini

Desde esta playa he mirado durante noches enteras
    el rostro luminoso.
Pero sus ojos, cuencas de oscuridad, me devolvían
    a los muertos que, con él, siendo jóvenes partieron
    a la guerra.
¡Oh luna, inmenso espejo! En esta oscuridad, en esta
    madeja de lamentos eternos, de crudas soledades
me declaro testigo de las derrotas de Ulises.
Tejo el perdón. Las cadenas de hilo han sujetado mi rabia
    y mi protesta.
He tejido siempre el derecho, pero al volver
    el lienzo
no encuentro más que los reveses de esta historia.
Y el mar,
el mar
con su fina filigrana atemorizando mi cuerpo,
negando la posibilidad del beso más cercano.
¡Ah Ulises! He llegado a aborrecer tu ira
que adormece mi deseo hasta vencerlo.
Por eso he decidido callar.
Cada vuelta a la aguja es una palabra muerta.
Hay quienes piensan que vivo en el olvido porque no
    escuchan los gritos de mi encierro.
Los muros ahogan los ecos del delirio.
He velado por más de veinte siglos. Y hoy,
en el turbio amanecer de esta historia manchada,
preparo las naves.

SONG OF PENELOPE
FROM THE BEACHES OF ITHACA

to Martha Casarini

I've spent whole nights on this beach gazing at the
    luminous face.
But its eyes, blackened sockets, turned me again
       to the dead who left with him, in the bloom of youth,
       for the war.
Oh moon! Enormous mirror! In the darkness, in this
       tangle of endless laments and harsh solitudes
I declare myself the witness of Ulysses' defeats.
I weave pardon. The skeins of thread have subdued my
    fury and outrage.
I've always woven the side that shows, but turning the
    cloth over
I find only the underside of this tale.
And the sea,
the sea,
its delicate filigree chilling my body,
rendering impossible the nearest kiss.
Oh, Ulysses! I've come to detest your wrath
that lulls my desire to extinction.
So I've decided to be silent.
Each stitch of the needle is an effaced word.
Some think I'm oblivious because they don't hear the
    howls of my confinement.
The walls drown the echoes of delirium.
I've kept watch more than twenty centuries. And today,
in the murky dawn of this blemished tale,
I'm readying the boats.

MK

DAMA INFIEL AL SUEÑO

Despierto con las manos cerradas, mi alma hecha piedra,
mis sentidos despedazados.
Los dientes se desgastan cada noche.
La angustia, dama infiel al sueño, los utiliza como tablado
    para su danza.
Las pesadillas amenazan con el espectáculo más denso del
    terror.
No hay otro espectador que yo misma, y soy yo, también,
la que protagoniza las escenas más atroces.

Soy ahí la asesina, la que ama el incesto, la que huye
    eternamente de su madre,
la que atraviesa las avenidas del odio
y se mete con todos:
la que goza en silencio.

Soy el día y la noche, la razón y el corazón que dan vueltas
    sin rumbo,
la sangre deslizándose, el delirio:
ese hombre que sonríe desde el cuadro
y me llama.

Soy la brillante mujer que luce la conciencia
como su mejor adquisición,
la misma que duerme a su hijo
y espera,
con los ojos abiertos,
la llegada del día.

SLEEP'S FAITHLESS LADY

I awaken with clenched fists, a soul turned stone,
my senses shredded.
Each night my teeth grind away.
Anguish, sleep's faithless lady, uses them as a stage
        for her dance.
Nightmares lie in wait, spectacles of distilled
        terror.
I'm the only audience and I star
in the most outrageous scenes.

There I'm the murderer, the incestuous one, the one
        eternally fleeing her mother,
the one who crosses avenues of hatred
meddling with everyone:
she who takes her pleasure silently.

I'm day and night, reason and passion spinning in
        random circles,
blood slipping away, delirium:
that man who smiles from the picture frame,
calling me.

I'm the brilliant woman who flaunts her conscience
like her proudest possession,
the same one who puts her son to bed
and with open eyes
awaits
the coming day.

MK

LA CASA

En algún lugar
abres una lluvia en la casa
el agua
como una piel sobre ti se resbala.
Hay unas cuantas cosas esparcidas
en las habitaciones blancas llenas de espacio:
el foco
(una gota de sol
en la noche),
una silla,
una cama,
un ovillo de hilo, una aguja
y apenas audible   intermitente
el taladro minúsculo de un grillo.
Es como estar dentro de un cuadro de Miró, la casa.
¿Un ovillo de hilo es como un foco,
o quizá el hilo sirva para relacionar la silla y el techo
o para dar vueltas solo
como el humo?
Nos dormimos;
habrá que atravesar el sueño.
¿Y será como un río,
o como otra secreta vida nuestra que vivimos,
una vida pequeña,
también como el sol y la lluvia en esta casa,
domésticos,
o será como ser devorados acaso
por esa extraña bestia del espejo?

VERÓNICA VOLKOW

THE HOUSE

Somewhere
you start a rain in the house
water
slides over you like a skin.
There are a few things scattered around
in the white rooms filled with space:
the lightbulb
(a drop of sun
in the night),
a chair,
a bed,
a ball of thread, a needle
and barely audible   intermittently
the tiny drilling of a cricket.
It's like being inside a Miró canvas, this house.
Is the ball of thread like a lightbulb,
or maybe the thread relates the chair to the ceiling
or goes in circles by itself
like smoke?
We sleep;
you'd have to cross into the dream.
And would it be like a river
or like some secret life we're living,
a little life,
and like the sun and rain in this house,
domestic,
or would it be like being devoured
by that strange beast in the mirror?

Apagamos la luz,
cierras los ojos.
Mañana el sol recorrerá los muros de la casa,
¿y será un pájaro
o una tijera la que cante?

We turn out the light,
you close your eyes.
Tomorrow the sun will run along the walls of the house,
and will it be a bird
or the scissors that sing?

IW

EL HAMBRE . . .

El hambre es el primer ojo del cuerpo
el primer ojo en la noche del cuerpo
el ojo con que la carne mira por primera vez la carne

y una sangrienta oscuridad nos enreda hacia dentro

el ojo
con que te miran mis pies   mis dientes
mis dedos
el ojo
con que te miro   como hace siglos
en la noche del tacto

esa noche
tan parecida a la noche del pez
del tigre
de la serpiente
tan parecida a la primera noche de la vida

somos la bestia
otra vez al cerrar los ojos
y nuestros cuerpos se abrazan como fauces
aferrados al sabor de las formas

HUNGER . . .

Hunger is the first eye of the body
the first eye in the night of the body
the eye with which flesh first sees flesh

and a bloody darkness pulls us from within

                the eye
with which my feet   my teeth
                   my fingers watch you
                the eye
with which I watch you   as centuries ago
in the night of touch

                that night
so like the night of the fish
              the tiger
              the snake
so like the first night of life

                we are beasts once more
when we close our eyes
and our bodies clasp each other like jaws
              seizing the taste of forms

EK

PROFUNDA OSCURIDAD . . .

Profunda oscuridad
que desnuda los cielos
y alcanza con sus dedos las estrellas
profunda oscuridad
en la que en la distancia
arde la simplicidad del fuego
los mundos lejanos abren
      sus grifos secretos
y las formas son cauce
de manantiales primeros
canta la luz del río
y de tu garganta el agua en el silencio

      mina de lejanos fuegos
la noche llega también hasta tu fondo
los cuerpos
en su mineral secreto se transforman
los cuerpos son el deseo
con la simplicidad del agua
en la oscuridad de la boca
o de un astro aparecido de pronto entre las manos
¿de la distancia?
¿con la caricia?
¿de la nada?
     ¿de dónde
tallaron los hombres el primer fuego?

DEEP DARKNESS . . .

Deep darkness
that undresses the sky
and reaches the stars with its fingers
deep darkness
where the simplicity of fire burns
in the distance
far worlds open
                their secret faucets
and forms are a riverbed
of primeval sources
singing the light of the river
and of your throat, water in the silence

                mine of far fires
night also reaches to your deeps
bodies
are transformed into their secret minerals
bodies are desire
with the simplicity of water
in the darkness of the mouth
or a sudden star between the hands
from a distance?
with a caress?
from nothing?
        from what
did men carve the first fire?

NJP

ESTÁS DESNUDO . . .

Estás desnudo
           y tu suavidad es inmensa
tiemblas en mis dedos
tu respiración vuela adentro de tu cuerpo

         eres
como un pájaro en mis manos
         vulnerable
como sólo el deseo podría hacerte vulnerable
ese dolor tan suave con el que nos tocamos
esa entrega en la que conocemos
el abandono de las víctimas

el placer como una fauce
nos lame   nos devora
y nuestros ojos se apagan
         se pierden

YOU ARE NAKED . . .

You are naked
            and your softness is immense
you tremble beneath my fingers
your breath flies inside your body

                you are
like a bird in my hands
                vulnerable
as only desire could make you vulnerable
that sweet pain with which we touch each other
that surrender in which we feel
the abandon of victims

pleasure licks us
devours us   like a mouth
and our eyes are extinguished
                        are lost

NJP

EL CÍRCULO

Soy como el círculo, me dijo,
no tengo ningún sitio realmente
                          no sé estar
pero dibujo los caminos.
Como hecho de tiempo
hecho sin mí casi
              soy casi transparente
y tengo que estar continuamente muriéndome.
Vivo de los caminos
              de que todo está en movimiento,
de conocer los muros y las puertas.
Como la libertad yo vivo sin futuro
como la libertad
                          vivo sin miedo,
quizá es que me he vuelto pequeño
o quizá mi rostro es del color del viento
mi rostro es
                          como son las cosas
                          sin más
sin la ausencia presente de los sueños
sin la evasión y sus espacios de humo
hay algo siempre que está naciendo
y se puede vivir así
sin nada   realmente
se puede nacer en cualquier sitio
se puede vivir del instante.

THE CIRCLE

I'm like a circle, he told me,
I don't have a real place,
                I don't know how to exist
but I draw roads.
Like a fact in time
enacted almost without me
      I'm almost transparent
and I have to be always dying.
I live on roads
      where everything is in motion,
recognizing walls and doors.
Like freedom I live without a future
like freedom
              I live without fear,
maybe it's because I've grown small
or because my face is the color of wind
my face is
              like things are
              nothing more
without the absence present in dreams
without evasion and its spaces of smoke
there's something always being born
and you can live like this
with nothing   really
you can be born anywhere
you can live in the moment.

IW, NJP

DIOS

Corro por la ciudad en automóvil
negro espacio surcado por los faros,
copia al carbón de las estrellas
                        invisibles bajo el humo.
Voy por la ciudad, avanzo distraída, velozmente
y la noche se extiende ante mí como una piedra
de innombrables minucias en la mano.
La oscuridad rescribe en sus términos el mundo,
tinta en que se borran colores y detalles,
como a la luz se ahoga lo distante.
Mundo infinitamente secreto, inaudible, inabarcable,
que en la materia extiende sus comarcas sin frontera
                        hacia lo ínfimo o lo grande
abismos   ¿sin un término?
Mis dedos se tensan contra el volante, se relajan,
el pensamiento traza bocetos de objetos incompletos:
un gesto, una palabra,
que se deshacen en preguntas nunca terminadas,
una marca de jabón, un billete perdido.
¿Sólo contiguamente conectados
como el hilo continuo de puertas y peatones
que atraviesa mis ojos?
Piso el acelerador, me deslizo más rápido
y los faros abren un túnel en la noche
que perfora el espacio;
los faros, tan parecidos al tiempo,
            o a un camino.
Atravieso infinitos espacios velozmente.
¿Qué interminables derrumbes instantáneos
abarca el marchitarse de una rosa?
¿Cuánto dura la muerte?

GOD

I rush through the city in an automobile
black space furrowed by stoplights,
carbon copy of the stars
               invisible above the smog.
I go through the city, I advance distracted, rapidly
and the night extends before me like a stone
with innumerable particularities in my hand.
Darkness rewrites the world on its own terms,
ink blurring colors and details,
like distance drowning in light.
Infinitely secret world, inaudible, unembraceable,
extending its borderless zones through the material
               towards the lowest or greatest
chasms   without limit?
My fingers tense on the steering wheel, relax,
thought sketches incomplete objects:
a gesture, a word,
dissolving in never-finished questions,
a brand of soap, a lost banknote.
Only connected contiguously
like the continual thread of doors and pedestrians
crossing my eyes?
I floor the accelerator, slide more rapidly
and the stoplights open a tunnel in the night
perforating space;
the stoplights, so resembling time,
        or a path.
I cross infinite spaces rapidly.
What interminable instantaneous overthrows
are contained in the withering of a rose?
How long does death last?

¿Qué ríos lentísimos
corren en las gotas?
¿Hasta qué punto puedo alcanzar, conocer esta noche
más allá de mi cuerpo, del automóvil que corre
o de las ruedas inmóviles en la noche que avanza
como una banda de rostros, postes y banquetas,
nunca idénticos pero que se repiten
como se repiten las palabras fijas en el lenguaje.
Árboles, rostros, noche que escapa,
que escapan de mis ojos
con sus infinitas minucias,
con sus comarcas invisibles,
con sus abismos herméticos.

What sluggish rivers
run in the raindrops?
What point can I reach to know this night
beyond my body, beyond the rushing automobile
or the immobile wheels in the onrushing night
like a flock of faces, poles and sidewalks,
never identical but repeating
as the fixed words repeat themselves in language.
Trees, faces, escaping night,
escaping from my eyes
with their infinite particulars,
with their invisible regions,
with their hermetic chasms.

JOS

CONTRIBUTORS' NOTES

LUIS MIGUEL AGUILAR
Chetumal, Quintana Roo, 1956

Poet and essayist, Luis Miguel Aguilar lives in Mexico City, where he works as an editor of *Nexos*, a review of art, culture and politics. His first book, *Chetumal Bay Anthology*, is a chronicle, in the form of portraits, of life in Chetumal Bay, and also an indirect homage to the "Spoon River Anthology" of Edgar Lee Masters. His books include: *Ensayo sobre poesía mexicana, 1800-1921*, and *Cuentos y relatos norteamericanos del siglo XX*.

GASPAR AGUILERA DÍAZ
Parral, Chihuahua, 1947

Gaspar Aguilera Díaz, one of the most "Latin American" of contemporary Mexican poets, is heir to a tradition with roots in South America. He writes with a clear and direct style, invoking the history — at times monstrous — of Latin America, while speaking of today's realities in Mexico. He lives in Uruapan, Michoacán and often travels abroad, giving readings of his poetry. He is the author of: *Pirénico, Los ritos del obseso*, and an anthology of poetry from Michoacán, *Continuación del canto*.

MARÍA BARANDA
Mexico City, 1962

María Baranda lives in Mexico City. She has published two books of poetry: *El jardín de los encantamientos* and *Fábula de los perdidos*. *El jardín de los encantamientos*, about a woman who discovers her own "garden of delights," is the chronicle of magical journey into a timeless and fragmented universe. Like Jorge Luis Borges, she has invented a cosmos with its own laws.

EFRAÍN BARTOLOMÉ
Ocosingo, Chiapas, 1950

Efraín Bartolomé is the recipient of two National Prizes for Poetry in Mexico, the Aguascalientes in 1984, and the Universidad de Querétaro in 1987. A poet from the jungle regions of the south, Efraín arrived in Mexico City in the 1970s, where he earned a degree in psychotherapy, a profession he continues to practice. He brought a new vision of the south to Mexico City: his poems populate the subway cars of the metropolitan capital with jaguars. He describes himself as a writer of "poetry without cobwebs." His books include: *Música solar, Ciudad bajo el relámpago*, and, most recently, *Música lunar*.

ALBERTO BLANCO
Tijuana, Baja California, 1951

Alberto Blanco is a poet of international stature. Musician, translator, artist and art critic, he is a dynamic figure in Mexican literature today. A cultural ambassador, he travels often to the United States and Europe, teaching, giving lectures, and taking part in conferences and festivals. His translations of W.S. Merwin, Philip Lamantia, Seamus Heany and Lawrence Ferlinghetti, among others, have introduced many English-speaking poets to Mexicans. He lives in Cuernavaca, Morelos, where he has gone to escape the pollution of Mexico City. His books include: *Canto a la sombra de los animales* (with drawings by Francisco Toledo), *Materia prima, Los astros al otro lado del río*, an anthology of contemporary poetry from North America, and his most recent book of poems, *Cuenta de los guías*.

CARMEN BOULLOSA
Mexico City, 1954

Carmen Boullosa is a poet, playwright, novelist and author of short stories as well as children's books. She lives in Mexico City, where she is a cultural activist, producing, directing, and supporting literary and art events. She received the Xavier Villaurrutia Prize for Poetry in 1989. Her six volumes of poetry are collected in a book entitled *La salvaja*.

RICARDO CASTILLO
Guadalajara, Jalisco, 1954

The appearance in 1980 of the first book of poems by Ricardo Castillo, *El pobrecito señor X,* changed Mexican poetry with an irreverent voice that spoke on themes untouched by traditional academic poets. Like Efraín Huerta and Jaime Sabines, Castillo uses simple language to create poetry of human warmth. He is an honorary "infrarealist." He lives in Guadalajara, Jalisco, where he gives workshops in creative writing. Among his books are: *Nicolás el camaleon,* and *Concierto en vivo*.

LUCHA CORPI
Jáltipan, Veracruz, 1945

Lucha Corpi is a novelist and poet. Born and raised in Mexico, she has lived in Oakland, California for the last twenty-five years, where she works as a teacher. She writes poetry in a Spanish that is reminiscent of Rosario Castellanos, and her poems explore the conflict of two cultures and two languages. She is the author of: *Palabras de mediodia/ Noon Words*, a bi-lingual edition of poetry, and two novels written in English.

ELSA CROSS
Mexico City, 1946

Elsa Cross is a poet, essayist, and translator. She studied philosophy in Mexico City, and Eastern philosophy in India and the United States. She is now a professor of Philosophy of Religion in the National Autonomous University of Mexico. In her poetry, two of the world's ancient cultures intersect: Mexican and Asian. She received the National Poetry Prize Aguascalientes in 1984. Her books include: *Bacantes, La dama de la torre*, and *Canto Malabar*.

ANTONIO DELTORO
Mexico City, 1947

Antonio Deltoro studied economics in Mexico City, where he has lived most of his life. His urban style and sensibility reflect his life in the "city of cities." Like Cesar Vallejo, he often speaks through a suffering and downtrodden Everyman. Among his books are: *Algarabia inorgánica*, and *¿Hacia dónde es aquí?*.

JORGE ESQUINCA
Mexico City, 1957

Jorge Esquinca excels in the prose poem, in the tradition of José Emilio Pacheco, who is considered a master for many young Mexican poets. Esquinca is the author of five books of poetry, and has received two National Prizes for Poetry, the Prize for Young Poets in 1982, and the Aguascalientes in 1990. He lives in Guadalajara, Jalisco. His books include: *Alianza de los reinos*, and *Paloma de otros diluvios*.

FRANCISCO HERNÁNDEZ
San Andres, Tuxtla, 1946

Francisco Hernández lives in Mexico City, where he works in a marketing firm. He received a National Poetry Prize, the Aguascalientes, for his book, *Mar de fondo*. He is a poet of dark obsessions and almost hallucinatory revelations in the style of Baudelaire. His books include: *Cuerpo disperso, Oscura coincidencia*, and *En las pupilas del que regresa*.

DAVID HUERTA
Mexico City, 1949

David Huerta is a poet, translator, essayist and editor. He has received many literary prizes, including a grant from the Guggenheim Foundation. He often participates in conferences abroad, and has been a guest professor in universities in Europe and the United States. He is now the cultural attaché of the Mexican Embassy in the Dominican Republic. His poem, "Incurable," is the longest poem in the history of Mexican poetry. Among his books are: *Historia, Cuaderno de noviembre*, and *Los objetos están más cerca de lo que aparentan*.

EDUARDO LANGAGNE
Mexico City, 1952

In 1980, Eduardo Langagne was the recipient of the prestigious Casa de las Américas prize, awarded by Cuba to the best authors of Latin America, for his book, *Donde habita el cangrejo*. He also received the Gilberto Owen Prize for Literature in Mexico in 1990. He lives in Mexico City, where he is working on a project to study the culture of the northern border states of Mexico. His books include: *Para leer sobre el amor*, and *Navegar es preciso*.

ELVA MACÍAS
Tuxtla Gutierrez, Chiapas, 1944

Elva Macías is a poet from the south of Mexico, part of a noble tradition of Chiapan writers. She studied Russian in Moscow and taught Spanish in China. She now lives in Mexico City, where she is the director of the Museum of the National University of Chopo, a center for exhibits by contemporary artists. She is the author of: *Círculo de sueño, Pasos contados*, and *Lejos de la memoria*.

Fabio Morábito
Alexandria, Egypt, 1955

Fabio Morábito arrived in Mexico from Egypt at the age of fourteen. He studied Italian literature and translation in the College of Mexico. He lives in Mexico City, which is a strong presence in his poetry. In 1991, he was awarded the National Prize for Poetry Aguascalientes for his book, *De lunes todo el año*. His books include: *Lotes baldíos*, and *Caja de herramientas*.

Isabel Quiñonez
San Pedro Sula, Honduras, 1949

A naturalized Mexican, Isabel Quiñonez, as have other Central American writers, has realized her literary career in Mexico. In addition to being a poet, she is an essayist and the author of children's books. She is the author of: *Extracción de la piedra de la locura*, and *Alguien maulla*.

Silvia Tomasa Rivera
El Higo, Veracruz, 1956

Silvia Tomasa Rivera was raised in a small village on the tropical Mexican coast. From childhood she rebelled against the constraints of a society with traditional, gender-based codes of behavior. At the age of eighteen, she went to Mexico City, where she is now an editor of the newspaper, *El Nacional*. Iconoclast and poet of great versatility, she addresses a wide range of subjects, from cowboy culture to female sexuality. In 1988, she received the National Poetry Prize Jaime Sabines. Her books include: *La rebelión de los solitarios*, and *El sueño de Valquiria*.

José Javier Villarreal
Tijuana, Baja California, 1959

Poet, essayist and editor, José Javier Villarreal lives in the northern city of Monterrey, Nuevo Leon. Heir to the tradition of *poesie provenzal* and *chanson de geste*, his work of over ten years is collected in *La procesión*, which won the National Prize for Poetry Aguascalientes in 1989.

MINERVA MARGARITA VILLARREAL
Montemorelos, Nuevo León, 1957

Minerva Margarita Villarreal is a distinguished poet and essayist. She lives in Monterrey, Nuevo León. She received the National Poetry Prize Alfonso Reyes in 1990. Her poetry has been described as, "a dark commerce, a secret pact between lucidity and delirium, between reality and mirage." Her books include: *Hilos de viaje*, and *Palabras como playas*.

VERÓNICA VOLKOW
Mexico City, 1955

Verónica Volkow is a poet and a translator. She studied literature at the National University of Mexico and at Columbia University in New York. She spent time in Africa, and has published a travel book, *Viaje a Sur Africa*. She has translated Elizabeth Bishop and Michael Hamburguer into Spanish. Among her books are: *Litoral de tinta*, and *Los caminos*.

CITY LIGHTS PUBLICATIONS

Murguía, A. & B. Paschke, eds. VOLCAN: Poems from Central America
Murillo, Rosario. ANGEL IN THE DELUGE
Paschke, B. & D. Volpendesta, eds. CLAMOR OF INNOCENCE
Pasolini, Pier Paolo. ROMAN POEMS
Pessoa, Fernando. ALWAYS ASTONISHED
Peters, Nancy J., ed. WAR AFTER WAR (City Lights Review #5)
Poe, Edgar Allan. THE UNKNOWN POE
Porta, Antonio. KISSES FROM ANOTHER DREAM
Prévert, Jacques. PAROLES
Purdy, James. THE CANDLES OF YOUR EYES
Purdy, James. IN A SHALLOW GRAVE
Purdy, James. GARMENTS THE LIVING WEAR
Purdy, James. OUT WITH THE STARS
Rachlin, Nahid. MARRIED TO A STRANGER
Rachlin, Nahid. VEILS: SHORT STORIES
Reed, Jeremy. RED-HAIRED ANDROID
Rey Rosa, Rodrigo. THE BEGGAR'S KNIFE
Rey Rosa, Rodrigo. DUST ON HER TONGUE
Rigaud, Milo. SECRETS OF VOODOO
Ruy Sánchez, Alberto. MOGADOR
Saadawi, Nawal El. MEMOIRS OF A WOMAN DOCTOR
Sawyer-Lauçanno, Christopher, tr. THE DESTRUCTION OF THE
        JAGUAR
Scholder, Amy, ed. CRITICAL CONDITION:
        Women on the Edge of Violence
Sclauzero, Mariarosa. MARLENE
Serge, Victor. RESISTANCE
Shepard, Sam. MOTEL CHRONICLES
Shepard, Sam. FOOL FOR LOVE & THE SAD LAMENT OF
        PECOS BILL
Smith, Michael. IT A COME
Snyder, Gary. THE OLD WAYS
Solnit, Rebecca. SECRET EXHIBITION: Six California Artists
Sussler, Betsy, ed. BOMB: INTERVIEWS
Takahashi, Mutsuo. SLEEPING SINNING FALLING
Turyn, Anne, ed. TOP TOP STORIES
Tutuola, Amos. FEATHER WOMAN OF THE JUNGLE
Tutuola, Amos. SIMBI & THE SATYR OF THE DARK JUNGLE
Valaoritis, Nanos. MY AFTERLIFE GUARANTEED
Wilson, Colin. POETRY AND MYSTICISM
Wilson, Peter Lamborn. SACRED DRIFT
Zamora, Daisy. RIVERBED OF MEMORY